OEUVRES
COMPLÈTES
DE FLORIAN.
Nouvelle Édition,

ORNÉE DE DEUX PORTRAITS

ET DE QUATRE-VINGTS GRAVURES D'APRÈS DESENNE.

GONZALVE DE CORDOUE.

TOME I.

PARIS,

LADRANGE, LIBRAIRE,
QUAI DES AUGUSTINS, N° 19;
FURNE, MÊME QUAI, N° 37.

M DCCC XXIX.

OEUVRES

COMPLÈTES

DE FLORIAN.

TOME VII.

IMPRIMERIE DE H. FOURNIER, RUE DE SEINE, N. 14.

PRÉCIS HISTORIQUE
SUR LES MAURES
D'ESPAGNE.

TABLEAU CHRONOLOGIQUE

DES SOUVERAINS

ARABES ou MAURES,

QUI RÉGNÈRENT EN ESPAGNE.

PREMIÈRE ÉPOQUE.

CALIFES D'ORIENT.	GOUVERNEURS ou VICE-ROIS D'ESPAGNE.
Années de J.-C.	Années de J.-C.
705. Valid I, onzième calife Ommiade.	714. Moussa, conquérant de l'Espagne.
716. Suleiman.	717. Abdélazis, fils de Moussa.
718. Omar II.	718. Alahor.
721. Yézid II.	721. Elzémagh.
723. Haccham.	723. Ambezé-ben Sehim.
	725. Asré-ben-Abdoullah.
	727. Jahiah-ben-Sélémé.
	728. Osman-Abinéza.
	728. Hazifa-ben-Elahous.
	729. Hicchem-ben-Hadi.
	731. Méhémet-ben-Abdoullah.
	731. Abdalrahman-ben-Abdoullah, tué à la bataille de Tours.

TABLEAU CHRONOLOGIQUE

CALIFES D'ORIENT.

Années de J.-C.

742. Valid II.
743. Yézid III.
744. Ibrahim.
744. Mervan II, dernier calife Ommiade.
752. Aboul-Abbas-Saffah, premier calife Abbasside.
754. Aboul-Giaffar-Almanzor, second calife Abbasside.

GOUVERNEURS ou VICE-ROIS D'ESPAGNE.

Années de J.-C.

734. Abdoulmelek-ben-Koutn.
735. Akbé-ben-el-Hadjadi.
742. Aboulatar-Hassam.
745. Tévabé.
746. Joseph el Fabri, dernier vice-roi.

SECONDE ÉPOQUE.

CALIFES D'OCCIDENT.

Années de J.-C.

755. Abdérame I, prince Ommiade.
788. Haccham I.
796. Abdélazis el Hakkam I.

ROIS DE CORDOUE.

Années de J.-C.

1011. Haccham II, remis sur le trône.
1014. Suleiman, remis sur le trône.
1016. Ali-ben-Hamoud.

DES SOUVERAINS MAURES.

CALIFES D'OCCIDENT.

Années de J.-C.
- 822. Abdérame II el Mouzaffer.
- 852. Mohammed I, l'Émir.
- 886. Almouzir.
- 889. Abdoullah.
- 912. Abdérame III.
- 961. Aboul-Abbas el Hakkam II.
- 976. Haccham II.
- 1005. Mohammed el Mahadi, usurpateur.
- 1007. Suleiman.

ROIS DE CORDOUE.

Années de J.-C.
- 1017. Abdérame IV.
- 1018. Casim.
- 1021. Jahiah.
- 1022. Haccham III.
- 1024. Mohammed el Mustek fi Billah.
- 1025. Abdérame V.
- 1025. Jahiah-ben-Ali.
- 1026. Haccham IV.
- 1027. Jalmar-ben-Mohammed, dernier calife de Cordoue.

TROISIÈME ÉPOQUE.

PRINCIPAUX ROYAUMES ÉLEVÉS SUR LES RUINES DU CALIFAT D'OCCIDENT.

TOLÈDE.

Années de J.-C.
- 1027. Adafer Almamon I.

SARAGOSSE.

Années de J.-C.
- 1014. Almundir, gouverneur devenu roi.

TOLÈDE.

Années de J.-C.

1053. Alamon II, le bienfaiteur d'Alphonse VI.
1078. Haccham, fils aîné d'Almamon II.
1079. Jahiah, frère d'Haccham, dernier roi.
1085. Prise de Tolède par Alphonse VI, roi de Castille. Jahiah va régner à Valence.

Fin du royaume de Tolède.

VALENCE.

1026. Muceit.
Plusieurs usurpateurs.
1085. Jahiah, dernier roi de Tolède.
1093. Aben-Jaf.
1094. Le Cid prend Valence, et y commande en souverain jusqu'à sa mort.

SARAGOSSE.

Années de J.-C.

1023. Almudafar Benhoud I.
1025. Suleiman Benhoud II.

1073. Almutadar Billah.

1096. Almutacem, dernier roi.

1118. Prise de Saragosse par Alphonse I, surnommé le Batailleur, roi d'Aragon.

Fin du royaume de Saragosse.

SÉVILLE.

1027. Idris.
1028. Aboulcazem Benabad I.
1041. Abi Amar Benabad I.
1068. Mohammed Benabad III, dernier roi.
1097. Benabad III se rend prisonnier de Joseph Almoravide.

DES SOUVERAINS MAURES.

VALENCE.

Années de J.-C.
1102. Les Almoravides, rois de Maroc, reprennent Valence après la mort du Cid.
Plusieurs gouverneurs ou usurpateurs.
1224. Aben-Zeith.
1230. Zéan, dernier roi.
1238. Prise de Valence par Jacques I, roi d'Aragon.
Fin du royaume de Valence.

SÉVILLE.

Années de J.-C.

Plusieurs gouverneurs ou usurpateurs.

1236. Séville devient république.
1248. Prise de Séville par S. Ferdinand, roi de Castille.

QUATRIÈME ÉPOQUE.

ROIS DE GRENADE.

Années de J.-C.
1236. Mahomet I Abousaïd ALHAMAR, fondateur du roy. de Grenade, et chef de la branche des ALHAMAR.

ROIS DE CASTILLE CONTEMPORAINS.

Années de J.-C.
1230. S. Ferdinand, troisième du nom.

TABLEAU CHRONOLOGIQUE

ROIS DE GRENADE.	ROIS DE CASTILLE CONTEMPORAINS.
Années de J.-C.	Années de J.-C.
	1252. Alphonse X, le Sage.
1273. Mahomet II al Fakih, Émir al Mumenim.	1284. Sanche IV, le Brave.
1302. Mahomet III el Hama, ou l'Aveugle.	1295. Ferdinand IV, l'Ajourné.
1310. Mahomet IV Abenazar.	1311. Alphonse XI, le Vengeur.
1313. Ismaël Ier FARADY, chef de la branche royale des FARADY, qui descendait du 1er ALHAMAR par les femmes.	
1322. Mahomet V.	
1343. Joseph I.	
1354. Mahomet VI, le Vieux.	1350. Pierre-le-Cruel.
1360. Mahomet VII, le Rouge, ALHAMAR.	
1362. Mahomet VI, le Vieux, remis sur le trône.	1369. Henri II de Transtamare.
1379. Mahomet VIII Abouhadjad, ou Guadix.	1379. Jean I.
1392. Joseph II.	1390. Henri III.
1396. Mahomet IX Balba.	
1408. Joseph III.	1406. Jean II.
1423. Mahomet X Abenazar ou le Gaucher,	

DES SOUVERAINS MAURES.

ROIS DE GRENADE.	ROIS DE CASTILLE CONTEMPORAINS.
Années de J.-C.	Années de J.-C.
1427. Mahomet XI el Zugaïr ou le Petit.	
1429. Mahomet X, le Gaucher, remis sur le trône.	
1432. Joseph IV, ALHAMAR.	
1432. Mahomet X, le Gaucher, remis une troisième fois sur le trône.	
1445. Mahomet XII Osmin.	
1453. Ismaël II.	1454. Henri IV, l'Impuissant.
1465. Mulei-Hassem.	
1485. Abouabdoullah ou Boabdil, dernier roi.	1474. Isabelle et Ferdinand V, conquérans de Grenade.
1492. Prise de Grenade par Ferdinand et Isabelle, rois de Castille et d'Aragon.	
Fin du royaume de Grenade.	

FIN DU TABLEAU CHRONOLOGIQUE.

PRÉCIS HISTORIQUE
SUR
LES MAURES D'ESPAGNE.

Les Maures d'Espagne sont célèbres, et leur histoire est peu connue. Leur nom rappelle la galanterie, la politesse, les beaux-arts; et les fragmens de leurs annales, épars dans les écrivains arabes ou espagnols, n'offrent que des rois égorgés, des divisions, des guerres civiles, des combats éternels avec leurs voisins. Au milieu de ces tristes récits, on trouve quelquefois des traits de bonté, de justice, de grandeur d'ame. Ces traits nous frappent beaucoup plus que ceux que nous lisons dans nos histoires, soit qu'ils conservent une impression d'originalité que leur donne le génie oriental, soit qu'à travers les nombreux exemples de barbarie, une belle action, un discours noble, un mot touchant, acquièrent un nouvel éclat des crimes dont ils sont entourés.

Je n'ai pas le projet d'écrire ici l'histoire des Maures; je veux seulement rappeler leurs principales révolutions, tracer une esquisse fidèle du caractère, des mœurs d'un peuple que j'ai tâché de peindre dans mon ouvrage, et mettre le lecteur à portée de distinguer de mes fictions les vérités qui leur servent de base. Tel est, ce me semble, le plus sûr et peut-être le seul moyen de rendre un livre de pur agrément moins inutile et moins frivole.

Les historiens espagnols (1) que j'ai consultés avec un grand soin, m'ont été d'un médiocre secours. Attentif à faire marcher de front l'histoire très-compliquée des différens rois des Asturies, de Navarre, d'Aragon, de Castille, ils ne reviennent aux Maures que lorsque leurs guerres avec les Chrétiens mêlent ensemble les intérêts des deux peuples; mais ils ne parlent presque jamais du gouvernement, des lois, des usages des ennemis de leur foi. Les écrivains arabes (2) qu'on a traduits, ne donnent guère plus de lumière : emportés par le fanatisme, aveuglés par un ridicule orgueil, ils s'étendent avec complaisance sur les victoires de leur nation, ne disent rien de ses défaites, et passent sous silence des dynasties entières. Quelques-uns de nos savans [1] ont rassemblé dans des ouvrages très-

---

1. D'Herbelot, *Bibliothèque orientale* ; Cardonne, *His-*

estimables ce qu'ont dit ces historiens, ce qu'ils ont eux-mêmes observé. J'ai puisé dans toutes ces sources; j'ai cherché les mœurs des Arabes Maures d'Andalousie dans les romans espagnols (3), dans les anciennes romances castillanes, dans des manuscrits, des mémoires qui me sont venus de Madrid. C'est d'après cette étude longue et pénible que je vais essayer de faire connaître un peuple qui ne ressemble à aucun autre, qui eut ses vices, ses vertus, sa physionomie particulière, et qui sut allier long-temps la valeur, la générosité, la courtoisie des chevaliers de l'Europe, avec les emportemens, les fureurs, les passions brûlantes des Orientaux.

Pour mettre plus d'ordre dans les temps, et plus de clarté dans les faits, je diviserai ce Précis historique en quatre principales époques. La première s'étendra depuis les conquêtes des Arabes jusqu'à l'établissement des princes Ommiades à Cordoue; la seconde renfermera les règnes de ces califes d'Occident; dans la troisième je rapporterai le peu qu'on sait des différens petits royaumes élevés sur les ruines du califat de Cordoue: et la quatrième comprendra l'histoire des souverains de Grenade jusqu'à l'expulsion totale des Musulmans.

toire d'Afrique et d'Espagne; M. Chénier, Recherches historiques sur les Maures.

PREMIÈRE ÉPOQUE.

CONQUÊTES DES ARABES OU MAURES,

Depuis la fin du sixième siècle (1) jusqu'au milieu du huitième.

Origine des Maures.

Les Maures sont les habitans de cette vaste contrée d'Afrique bornée à l'orient par l'Egypte, au nord par la Méditerranée, à l'ouest par le grand Océan, au midi par les déserts de Barbarie. Leur origine, comme celle de presque toutes les nations, est obscure et mêlée de fables. Il paraît certain seulement que des émigrations de l'Asie ont reflué, dès les premiers temps, en Afrique. Le nom de *Maures* semble l'indiquer. D'ailleurs, tous les historiens [2] parlent d'un Melec-Yarfrick, roi de l'Arabie heureuse, qui, suivi d'un peuple de Sabéens, vint s'emparer de la Libye, et lui donna le nom d'Afrique.

---

1. MAURES, selon Bochart, vient du mot hébreu MAHURIM, qui signifie OCCIDENTAUX.

2. Ibnialrabic, Procope, Léon l'Africain, Marmol, etc.

Les principales tribus des Maures prétendent descendre de ces Sabéens. Sans discuter des faits si anciens, il suffit d'être à peu près sûr que les premiers Maures furent des Arabes. Dès lors on n'est plus surpris de les voir, dans tous les temps, séparés par tribus, habitant sous des tentes, vagabonds dans les déserts, et chérissant, comme leurs pères, cette vie libre et pastorale.

Ils sont connus dans l'histoire ancienne sous le nom de Numides, de Gétules, de Massiliens. Tour à tour sujets, ennemis, alliés de la fameuse Carthage, ils tombèrent avec elle sous la domination des Romains. Après plusieurs inutiles révoltes, causées par l'esprit inquiet, fougueux, inconstant de ces peuples, ils furent subjugués par les Vandales. Bélisaire les reconquit un siècle après. (J.-C. 427.) Mais les Arabes, vainqueurs des Grecs, soumirent les Mauritanies. Comme, depuis ce moment, les Maures devenus Musulmans ont été, pour ainsi dire, confondus avec les Arabes, il est nécessaire de dire un mot de cette nation extraordinaire, inconnue pendant tant de siècles, et maîtresse tout à coup de la plus grande partie de la terre.

Les Arabes.

Les Arabes sont, sans contredit, un des plus anciens peuples de l'univers. Peut-être est-ce celui de tous, qui a le mieux conservé son caractère, ses mœurs, son indépendance. Dès les siècles les plus reculés, divisés par tribus errantes dans les campagnes ou réunies dans des villes, soumis à des chefs guerriers et magistrats à la fois, jamais ils n'ont été sujets d'une domination étrangère. Les Perses, les Macédoniens, les Romains tentèrent vainement de les soumettre : leur sceptre vint se briser contre les rochers des Nabathéens [1]. Orgueilleux de son origine, qui remonte jusqu'aux patriarches, fier d'avoir su défendre sa liberté, l'Arabe, au fond de ses déserts, regarde les autres nations comme des troupeaux d'esclaves rassemblés au hasard pour changer de maitres. Brave, sobre, infatigable, endurci dès l'enfance aux plus pénibles travaux, ne craignant ni la soif, ni la faim, ni la mort, ce peuple n'avait besoin que d'un homme pour se rendre souverain du monde.

Naissance de Mahomet.

Mahomet parut (J.-C. 569.), et tous les talens lui furent accordés par la nature. Valeur, sagesse, éloquence, grace, Mahomet posséda tous les dons qui en imposent et qui entraînent. Chez les nations les plus éclairées, Mahomet eût été un grand homme;

---

[1] Ancien nom des Arabes.

chez un peuple ignorant et fanatique, il devait être, il fut un prophète.

Jusqu'à lui, les tribus arabes, environnées de Juifs, de Chrétiens, d'idolâtres, avaient fait un mélange superstitieux de ces différentes religions avec celle des anciens Sabéens. Ils croyaient aux génies, aux démons, aux sortilèges; ils adoraient les étoiles et sacrifiaient aux idoles. Mahomet, après avoir médité jusqu'à l'âge de quarante-quatre ans, dans la retraite et le silence, les nouveaux dogmes qu'il voulait établir, après avoir séduit ou persuadé les principaux [1] de sa famille, qui était la première parmi les Arabes, prêcha tout à coup une religion nouvelle, ennemie de toutes celles qu'on connaissait, et faite pour enflammer le génie ardent de ces peuples.

Religion de Mahomet.

Enfans d'Ismaël, leur dit-il, je vous apporte le culte que professaient votre père Abraham, Noé, tous les patriarches. Il n'est qu'un seul Dieu, souverain des mondes; il s'appelle le MISÉRICORDIEUX. N'adorez que lui : soyez bienfaisans envers les orphelins, les pauvres, les esclaves, les captifs; soyez justes envers tous les hommes : la justice est la sœur

---

[1]. Les Coraïschites, gardiens du temple de la Caaba.

de la piété. Priez et faites l'aumône. Votre récompense sera d'habiter, dans le ciel, des jardins délicieux, où coulent des fleuves limpides, où vous trouverez des épouses toujours belles, toujours jeunes, toujours plus éprises de vous. Combattez avec valeur les incrédules et les impies : combattez-les jusqu'à la victoire, jusqu'à ce qu'ils embrassent l'islamisme (5), ou qu'ils vous paient un tribut. Tout soldat mort dans les batailles ira jouir des trésors de Dieu. Les lâches ne pourront prolonger leur vie ; l'instant où l'ange de la mort doit les frapper est marqué dans le livre de l'Eternel.

Ces préceptes, annoncés dans une langue riche, figurée, majestueuse, embellis du charme des vers, présentés de la part d'un ange par un prophète guerrier, poète, législateur, au peuple de l'univers le plus ardent, le plus passionné pour le merveilleux, pour la volupté, pour la valeur, pour la poésie, devaient trouver bientôt des disciples. Mahomet en eut un grand nombre; la persécution vint l'augmenter. Ses ennemis forcèrent l'apôtre à fuir de la Mecque, sa patrie, à se réfugier à Médine. (J.-C. 622. Hég. 1.) Cette fuite devint l'époque de sa gloire, et l'ère des Musulmans.

Progrès de l'Islamisme.

Dès ce moment, l'islamisme se répandit comme

un torrent dans les Arabies, dans l'Ethiopie. En vain quelques tribus idolâtres ou juives voulurent défendre leur ancien culte : en vain la Mecque arma ses soldats contre le destructeur de ses dieux ; Mahomet, le glaive à la main, dispersa leurs armées, s'empara de leurs villes, pardonna souvent aux vaincus, et s'attacha, par sa clémence, par son génie, par ses talens, les peuples qu'il avait soumis. Législateur, pontife, chef de toutes les tribus arabes, maître d'une armée invincible, respecté des souverains d'Asie, adoré d'une nation puissante, secondé par des capitaines devenus sous lui des héros, il allait marcher contre Héraclius (J.-C. 632. Hég. 11.), lorsqu'il mourut à Médine, des suites du poison que lui avait donné une Juive de Caïbar (6).

Victoires des Musulmans.

Sa mort n'arrêta ni les progrès de sa religion, ni les conquêtes des Arabes. Aboubèkre, beau-père du prophète, fut nommé pour lui succéder, et prit le titre de *calife*, qui veut dire seulement *vicaire*. Sous son règne les Musulmans pénètrent dans la Syrie, dispersent les troupes d'Héraclius, prennent la ville de Damas, siège célèbre à jamais par les exploits plus qu'humains du fameux Kaled, surnommé l'*épée de Dieu* (7). Au milieu de tant de victoires, Aboubèkre, à qui l'on envoyait l'immense butin conquis sur l'ennemi, n'en prend jamais pour sa dépense particulière qu'une somme équivalente à quarante de nos sous par jour. Omar, successeur d'Aboubèkre, fait marcher Kaleb à Jérusalem. Jérusalem est prise par les Arabes; la Syrie, la Palestine, sont soumises; les Turcs, les Perses, demandent la paix; Héraclius fuit d'Antioche; l'Asie tremble devant Omar; et les terribles Musulmans, modestes dans la victoire, rapportant leurs succès à Dieu seul, conservent, au milieu des pays les plus beaux, les plus riches, les plus délicieux de la terre, au sein des peuples les plus corrompus, leurs mœurs austères, frugales; leur discipline sévère, leur respect pour leur pauvreté. On voit les derniers des soldats s'arrêter tout à coup dans le sac d'une ville, au premier ordre de leur chef, lui rapporter fidèlement l'or, l'argent qu'ils ont enlevé, pour le déposer dans le trésor public. On voit ces capitaines si braves, si superbes avec les rois, quitter, reprendre le commandement d'après un billet du calife, devenir tour à tour généraux, simples soldats, ambassadeurs, à la moindre de ses volontés. On voit enfin Omar lui-même, Omar, le plus puissant souverain, le plus riche, le plus grand des rois de l'Asie, se rendre à Jérusalem, sur un chameau roux, chargé d'un sac d'orge et de riz, d'une outre pleine d'eau, d'un vase de bois. Il marche dans cet équipage à travers les peuples vaincus, qui se pressent sur son passage, qui lui demandent de les bénir et de juger leurs différends. Il arrive à son armée, lui prêche la simplicité, la valeur, la modestie; il entre dans Jérusalem, pardonne aux Chrétiens, conserve les églises; et, remonté sur son chameau, le calife retourne à Médine faire la prière à son peuple.

Nouvelles conquêtes.

Les Musulmans marchent vers l'Egypte; l'Egypte est bientôt subjuguée. Alexandrie est prise par Amrou, l'un des plus grands généraux d'Omar. C'est alors que périt cette fameuse bibliothèque, l'objet des éternels regrets des savans. (J.-C. 640. Hég. 19.) Les Arabes, si passionnés pour leur poésie, méprisaient les livres des autres nations. Amrou fit brûler la bibliothèque des Ptolémées : et ce même Amrou cependant était renommé par ses vers; il aimait, il respectait le célèbre Jean le grammairien, à qui, sans l'ordre du calife, il voulait donner cette bibliothèque. Cet Amrou fit exécuter un dessein digne des beaux siècles de Rome : c'était de joindre la mer Rouge à la Méditerranée par un canal navigable, où les eaux du Nil seraient détournées. Ce canal, si utile à l'Egypte, si important pour le commerce d'Europe et d'Asie, fut achevé dans peu de mois. Les Turcs l'ont laissé détruire.

Amrou s'avança dans l'Afrique, tandis que d'autres capitaines arabes passaient l'Euphrate, et soumettaient la Perse. Mais Omar n'était déjà plus; Othman occupait sa place.

Ce fut sous le règne de ce calife que les Arabes conquirent les Mauritanies (J.-C. 647. Hég. 27.), en chassèrent pour jamais les faibles Grecs, et ne trouvèrent de résistance que dans les tribus belliqueuses des Bérébères (8). Ces peuples libres et pasteurs, anciens habitans de la Numidie, et qui, même de nos jours, retranchés dans les montagnes de l'Atlas, y conservent une espèce d'indépendance, se défendirent long-temps contre les vainqueurs des Maures. Un général musulman, nommé Akbé, les soumit enfin, leur donna sa loi, sa croyance; et, s'avançant jusqu'aux extrémités de l'Afrique occidentale, il ne s'arrêta qu'aux bords de l'Océan. Là, plein de l'enthousiasme de l'héroïsme et de la religion, il poussa son cheval dans la mer, tira son sabre, et s'écria : Dieu de Mahomet, tu le vois; sans cet élément qui m'arrête, j'irais chercher des nations nouvelles pour leur faire adorer ton nom !

Jusqu'à cette époque, les Maures, sujets des Carthaginois, des Romains, des Vandales et des Grecs, n'avaient pris qu'une faible part aux intérêts de ces différens maîtres. Errans dans les déserts, ils s'occupaient du soin des troupeaux, payaient des impôts

Desenne invenit.
1819
Bosq et Devillers junior Sculpserunt.

Gonsalve T.1.r P.24.

arbitraires, souffraient des vexations de leurs gouverneurs, essayaient de temps en temps de briser leurs fers, et se réfugiaient, après leurs défaites, dans les montagnes de l'Atlas ou dans l'intérieur du pays. Leur religion était un mélange de christianisme et d'idolâtrie; leurs mœurs, celles des Nomades asservis : grossiers, ignorans, malheureux, abrutis par le despotisme, ils étaient à peu près ce qu'ils sont aujourd'hui sous les tyrans de Maroc.

Les Maures deviennent Musulmans.

L'arrivée des Arabes produisit chez eux un grand changement. Une origine commune avec les conquérans nouveaux, la même langue, les mêmes passions, tout contribuait à lier les vaincus aux vainqueurs. L'annonce de cette religion, prêchée par un descendant d'Ismaël, que les Maures regardent comme leur père; les victoires rapides des Musulmans, qui, déjà maîtres de la moitié de l'Asie et de l'Afrique, menaçaient d'envahir le monde, frappèrent vivement les Maures, et rendirent à leur caractère toute son ardente énergie. Ils embrassèrent avec transport les dogmes de Mahomet; ils s'unirent avec les Arabes, voulurent combattre avec eux, devinrent épris à la fois de l'islamisme et de la gloire.

Cette réunion, qui doubla les forces des deux

nations confondues, fut troublée quelques instans par la révolte des Bérébères, toujours passionnés pour leur liberté. Le calife Valid Ier, qui régnait alors (J.-C. 708. Hég. 89.), fit partir d'Egypte Moussa-ben-Nazir, général habile et vaillant, à la tête de cent mille hommes. Moussa défit les Bérébères, pacifia les Mauritanies, alla s'emparer de Tanger, qui appartenait aux Goths espagnols ; et, maître d'un pays immense, d'une redoutable armée, d'un peuple pour qui la guerre était devenue un besoin, Moussa médita dès ce moment de porter ses armes en Espagne.

État de l'Espagne sous les Goths.

Ce beau royaume, après avoir été soumis tour à tour par les Carthaginois, par les Romains, était devenu la proie des Barbares. Les Alains, les Suèves, les Vandales, connus sous le nom général de Goths, s'étaient partagé ses provinces. Mais Euric, un de leurs rois, vers la fin du cinquième siècle, avait réuni toute l'Espagne, et l'avait transmise à ses descendans.

La douceur du climat, la prospérité, les richesses, amollirent ces conquérans, leur donnèrent des vices qu'ils n'avaient pas lorsqu'ils étaient des barbares, et leur ôtèrent la valeur guerrière qui seule avait fait leurs succès. Les rois qui vinrent après Euric, tantôt ariens, tantôt catholiques, abandonnèrent leur puissance aux évêques, et régnèrent au milieu des troubles. Rodrigue, le dernier d'entre eux, souilla le trône par ses vices. Personne n'ignore l'histoire, apocryphe ou véritable, de la fille du comte Julien, à qui Rodrigue, dit-on, fit violence. Ce fait est contesté; mais ce qui ne peut l'être, c'est que les débauches des tyrans ont presque toujours été la cause ou le prétexte de leur ruine.

Conquête de l'Espagne par les Maures.

Il est certain que le comte Julien et son frère Oppas, archevêque de Tolède, tous deux puissans chez les Goths, favorisèrent l'irruption des Maures. Tarick (9), l'un des plus grands capitaines de ce temps, fut envoyé par Moussa, d'abord avec peu de troupes, et n'en défit pas moins une grande armée que Rodrigue lui opposa. Depuis, ayant reçu des renforts d'Afrique, il vainquit Rodrigue lui-même à la bataille de Xérès, où le roi goth périt en fuyant. (J.-C. 714. Hég. 96.) Tarick profita de sa victoire, pénétra dans l'Estramadure, dans l'Andalousie, dans les Castilles, prit Tolède; et bientôt, rejoint par Moussa, jaloux de la gloire de son lieutenant, ces deux hommes extraordinaires, divisant leurs troupes en plusieurs corps, achevèrent en peu de mois la conquête entière de l'Espagne.

Il faut observer que ces Maures, que plusieurs

historiens nous présentent comme des barbares altérés de sang, laissèrent aux peuples vaincus leur culte, leurs églises, leurs juges; ils n'exigeaient que le tribut que les Espagnols payaient à leurs rois. On ne redoutait point leur férocité, puisque la plupart des villes se rendirent par composition, puisque les Chrétiens s'unirent si bien avec eux, que ceux de Tolède en prirent le nom de *Musarabes*, et que la reine Egilone, veuve du dernier roi Rodrigue, épousa publiquement, de l'aveu des deux nations, Abdélazis, fils de Moussa.

Ce Moussa, que les succès de Tarick avaient aigri, voulut éloigner un lieutenant qui l'éclipsait. Il l'accusa près du calife. Valid les rappela tous deux, ne jugea point leurs différends, et les laissa mourir à sa cour du chagrin de se voir oubliés.

Vice-Rois d'Espagne. Commencement de Pélage.

Abdélazis, l'époux d'Egilone, resta gouverneur de l'Espagne, et ne le fut que quelques instans. Alahor, qui lui succéda, porta ses armes dans la Gaule (J.-C. 718. Hég. 100.), subjugua la Narbonnaise, et se préparait à pousser plus loin ses conquêtes, lorsqu'il apprit que Pélage, prince du sang royal des Goths, réfugié dans les montagnes des Asturies avec une poignée de vaillans soldats, osait braver les vainqueurs de l'Espagne, et former le noble dessein de se dérober à leur joug. Alahor envoya des troupes contre lui. Pélage, retranché dans des gorges, battit deux fois les Musulmans, fortifia sa petite armée, s'empara de quelques châteaux; et, ranimant le courage des chrétiens abattu par tant de revers, il apprit aux Espagnols étonnés que les Maures n'étaient pas invincibles.

L'insurrection de Pélage fit rappeler Alahor par le calife Omar II. Elzémagh, son successeur, pensa que le plus sûr moyen de réprimer les révoltes, était de rendre les peuples heureux. Il s'occupa de policer l'Espagne, de régler les impôts, jusqu'alors arbitraires, de contenir les soldats en leur donnant une paie fixe. Ami des beaux-arts que les Arabes cultivaient dès lors, Elzémagh embellit Cordoue, dont il fit sa capitale, attira les savans à sa cour, et composa lui-même un livre qui renfermait la description des villes, des fleuves, des provinces, des ports de l'Espagne, des métaux, des marbres, des mines qu'on y trouvait, de tous les objets enfin qui pouvaient intéresser les sciences et l'administration. Peu inquiet des mouvemens de Pélage, dont toute la puissance se bornait à la possession de quelques forteresses dans des montagnes inaccessibles, Elzémagh n'entreprit point de l'y forcer; mais, guidé par le désir funeste dont brûlèrent toujours les gouverneurs de l'Espagne, d'étendre leurs conquêtes en France, il passa les Pyrénées (J.-C. 722. Hég. 104.), et fut tué dans une bataille qu'Eudes, duc d'Aquitaine, lui livra.

Après la mort d'Elzémagh, arrivée sous le califat d'Yézid II (10), plusieurs gouverneurs, dans l'espace de peu d'années, se succédèrent rapidement en Espagne [1]. Aucune de leurs actions ne mérite d'être rapportée; mais, pendant ce temps, le brave Pélage agrandit son petit Etat, s'avança dans les montagnes de Léon, se rendit maître de quelques places; et ce héros, dont le courage appelait à la liberté les Asturiens et les Cantabres, jeta les premiers fondemens de cette puissante monarchie dont les guerriers devaient à leur tour poursuivre les Africains jusque dans les rochers de l'Atlas.

Abdérame veut conquérir la France.

Les Maures, qui ne songeaient qu'à subjuguer de nouveaux pays, ne firent pas de grands efforts contre Pélage (J.-C. 731. Hég. 113.) : ils étaient sûrs de le réduire aisément quand ils auraient soumis la France; et ce seul désir remplissait l'ame ardente du nouveau gouverneur Abdalrahman, que nous appelons Abdérame. Sa gloire, sa valeur, ses talens,

---

[1] Ambézé, Azré, Jahiah, Osman, Hazifa, Hicchem, Méhémet.

son ambition démesurée, lui faisaient regarder cette conquête comme facile : mais il devait y trouver son vainqueur.

Le fils de Pepin d'Héristal, l'aïeul de Charlemagne, Charles Martel, dont les exploits effacèrent ceux de son père, et ne furent point effacés par ceux de son petit-fils, était alors maire du palais, sous les derniers princes de la première race; ou plutôt Charles était le véritable roi des Français et des Germains. Le duc d'Aquitaine Eudes, maître de la Guienne et de la Gascogne, avait eu de longues querelles avec le héros français. Trop faible pour lui résister, il chercha l'alliance d'un Maure nommé Munuze, gouverneur de la Catalogne et l'ennemi secret d'Abdérame. Ces deux vassaux, tous deux mécontens de leur souverain qu'ils craignaient, s'unirent par d'étroits liens : malgré la différence des cultes, le duc chrétien n'hésita point à donner sa fille en mariage à son allié musulman, et la princesse Numerance épousa le Maure Munuze, comme la reine Egilone avait épousé le Maure Abdélazis.

Abdérame, instruit de cette alliance, en pénétra les motifs. Il rassemble aussitôt son armée, vole en Catalogne, assiège Munuze, qui tente vainement de fuir : poursuivi, atteint dans sa course, il se donne lui-même la mort. Sa femme captive est conduite au vainqueur. Abdérame, frappé de sa beauté, l'envoie en présent au calife Haccham, dont elle s'attira l'amour : destinée singulière qui place une princesse gasconne dans le sérail du souverain de Damas !

Il pénètre jusqu'à la Loire.

Non content d'avoir puni Munuze, Abdérame passe les monts, traverse la Navarre, entre dans la Guienne, assiège et prend la ville de Bordeaux. Eudes, à la tête d'une armée, s'efforce de l'arrêter : Eudes est vaincu dans un grand combat; tout plie sous les armes des Musulmans; Abdérame poursuit sa route, ravage le Périgord, la Saintonge, le Poitou, parvient triomphant en Touraine, et ne s'arrête qu'à la vue des drapeaux de Charles Martel.

Charles venait à sa rencontre, suivi des forces de la France, de l'Austrasie, de la Bourgogne, suivi surtout de ses vieilles bandes accoutumées à vaincre sous lui. Le duc d'Aquitaine était dans son camp : Charles oubliait ses injures pour ne songer qu'au péril commun. Ce péril devenait pressant : le sort de la France, de la Germanie, de tous les peuples chrétiens, allait dépendre d'une bataille. Abdérame était un rival digne du fils de Pepin, fier, comme lui, de plusieurs victoires, suivi d'une armée innombrable, entouré de vieux capitaines qui l'avaient vu souvent triompher, et pressé dès long-temps du désir de soumettre enfin aux Arabes les seuls pays qui leur manquaient encore de l'ancien empire romain.

Bataille de Tours.

L'action fut longue et sanglante. Abdérame y trouva la mort. (J.-C. 733. Hég. 114.) Cette grande perte décida sans doute la défaite de son armée. Les historiens assurent qu'il y périt plus de trois cent mille hommes. Ce nombre est sûrement exagéré; mais il est vraisemblable que des ennemis parvenus jusqu'au milieu de la France, et poursuivis après leur défaite, ont dû échapper difficilement au fer des vainqueurs ou à la vengeance des peuples.

Cette mémorable bataille, sur laquelle nous n'avons aucun détail, nous sauva du joug des Arabes et fut le terme de leur grandeur. Depuis ce revers, ils tentèrent encore de pénétrer dans la France; ils s'emparèrent même d'Avignon; mais Charles Martel les défit de nouveau, reprit cette ville, leur enleva Narbonne, et leur ôta pour jamais l'espérance dont ils s'étaient flattés si long-temps.

Guerres civiles en Espagne.

Après la mort d'Abdérame, l'Espagne fut déchirée par les divisions de deux gouverneurs nommés successivement par les califes[1]. Un troisième prétendant arriva d'Afrique; un quatrième se mit sur les rangs [2]. Les factions se multiplièrent, les différens partis en vinrent souvent aux mains : des chefs furent massacrés, des villes prises, des provinces ravagées. Les détails de ces événemens, différemment rapportés par les historiens, ne peuvent être d'aucun intérêt. La seule vérité qu'on y découvre, c'est qu'à mesure que la douceur du climat, le mélange des Espagnols et des Maures polissaient les mœurs de ces derniers, une nouvelle émigration d'Africains venait détruire l'ouvrage du temps, et rendre à leurs anciens frères cette férocité sauvage qui semble appartenir à l'Afrique.

Ces guerres civiles durèrent près de vingt ans. Les chrétiens retirés dans les Asturies en profitèrent. Alphonse Ier, gendre et successeur de Pélage, marcha sur les traces de ce héros. Il s'empara d'une partie de la Galice et de Léon, battit les troupes qu'on lui opposa, se rendit maître de quelques places, et commença dès lors à former une petite puissance.

Les Maures, occupés de leurs querelles, n'arrêtèrent point les progrès d'Alphonse. Après plusieurs crimes et plusieurs combats, un certain Joseph

---

1. Abdoumélek, Akhé.
2. Aboulattar, Tévabé.

l'avait emporté sur ses différens rivaux, et régnait enfin à Cordoue (J.-C. 749. Hég. 134.), lorsqu'un événement mémorable, arrivé dans l'Orient, eut une grande influence sur l'Espagne. C'est là que commence la seconde époque de l'empire des Maures, pour laquelle il est nécessaire de revenir quelques instans à l'histoire des califes.

FIN DE LA PREMIÈRE ÉPOQUE.

SECONDE ÉPOQUE.

LES CALIFES D'OCCIDENT ROIS DE CORDOUE,

Depuis le milieu du huitième siècle jusqu'au onzième.

Nous avons vu rapidement, sous les trois premiers califes, Aboubèkre, Omar, Othman, les Arabes, conquérans de la Syrie, de la Perse, de l'Afrique, conserver leurs antiques mœurs, leur simplicité, leur obéissance au successeur du prophète, leur mépris pour le luxe et pour les trésors. Mais quel peuple pouvait résister à tant de prospérités ? Les vainqueurs tournèrent bientôt leurs propres armes contre eux-mêmes ; ils oublièrent les vertus qui les avaient rendus invincibles, et déchirèrent de leurs mains l'empire qu'ils avaient fondé.

Les Musulmans se divisent.

Ces malheurs commencèrent à l'assassinat d'Othman. (J.-C. 655. Hég. 135.) On nomma pour lui succéder Ali, le compagnon, le fils adoptif du prophète; Ali, si cher aux Musulmans par ses exploits,

par sa douceur, par son épouse Fatime, fille unique
de Mahomet. Moavias, gouverneur de Syrie, refusa
de reconnaitre Ali. Guidé par les conseils de l'habile
Amrou, conquérant de l'Egypte, Moavias se fit proclamer calife à Damas. Les Arabes se divisèrent :
ceux de Médine soutinrent Ali ; ceux de Syrie,
Moavias. Les premiers prirent le nom d'*Alides*; les
autres s'appelèrent *Ommiades*, du nom d'un aïeul de
Moavias, qui se nommait Ommiah. Telle fut l'origine du schisme qui sépare encore les Turcs et les
Perses.

Ali vainquit Moavias, et ne sut point profiter de
sa victoire. Bientôt après il fut assassiné (1). Son
parti s'affaiblit. Ses enfans firent de vains efforts
pour le ranimer. Les Ommiades, au milieu des ora-
ges, des révoltes, des guerres civiles, restèrent à
Damas possesseurs du califat. C'est sous le règne d'un
de ces princes, de Valid I, que nous avons vu les
Arabes étendre leurs conquêtes en Orient jusqu'au
Gange, en Occident jusqu'à l'océan Atlantique. Les
Ommiades cependant furent, pour la plupart, des
princes faibles ; mais leurs généraux étaient habiles,
et les soldats musulmans n'avaient point encore dé-
généré de leur antique valeur.

Les Ommiades perdent le califat.

Après avoir occupé le trône pendant l'espace de

quatre-vingt-treize ans, Mervan II, le dernier calife Ommiade (2), fut vaincu par Abdalla (J.-C. 752. Hég. 134.), de la race des Abbassides, proches parens de Mahomet, ainsi que les Ommiades. Mervan perdit l'empire et la vie. Aboul-Abbas, neveu d'Abdalla, fut élu calife, et commença cette dynastie des Abbassides, si célèbres dans l'Orient par leur amour pour les sciences, par les noms d'Haroun al Raschild, d'Almamon et des Barmécides (3). Les Abbassides gardèrent le califat pendant cinq siècles. Ils en furent dépouillés par les Tartares, fils de Gengis-Kan, après avoir vu s'établir en Egypte d'autres califes nommés *Fatimites*, parce qu'ils prétendaient descendre de Fatime, fille de Mahomet. L'empire des Arabes fut détruit; et ces peuples, rentrés dans les Arabies, y sont à peu près aujourd'hui ce qu'ils étaient avant Mahomet. J'anticipe ainsi sur les événemens, parce que désormais l'Espagne n'aura plus rien à démêler avec l'Orient.

Cruautés exercées contre les Ommiades.

Lorsque le cruel Abdalla eut placé son neveu Aboul-Abbas sur le trône des califes, il forma l'horrible dessein d'exterminer tous les Ommiades. Ces princes étaient fort nombreux. Chez les Arabes, où la polygamie est permise, où le grand nombre des enfans est regardé comme une faveur du ciel, il n'est pas rare de compter plusieurs milliers d'individus appartenant à la même famille. Abdalla, désespérant d'éteindre la race de ses ennemis, que la terreur avait dispersés, promit une amnistie générale pour tous les Ommiades qui se rendraient près de lui. Ces infortunés crurent à ses sermens; ils vinrent chercher leur pardon aux pieds d'Abdalla. Ce monstre, les voyant rassemblés, les fit envelopper par des soldats qui les massacrèrent à ses yeux. Après cet affreux carnage, Abdalla donna ordre qu'on rangeât leurs corps sanglans l'un près de l'autre, qu'on les couvrit de planches et de tapis de Perse; et sur cette horrible table il fit servir à ses officiers un magnifique festin. On frissonne en lisant ces détails [1]; mais ils peignent le caractère et les mœurs de ces conquérans.

Un seul Ommiade échappa; ce prince s'appelait Abdérame. Errant, fugitif, il gagna l'Egypte, et alla se cacher dans les déserts.

Un prince Ommiade vient en Espagne.

Les Maures d'Espagne, fidèles aux Ommiades, quoique leur gouverneur Joseph eût reconnu les Abbassides, n'eurent pas plus tôt appris qu'il existait en Afrique un rejeton de cette illustre race,

---

[1]. Marigny, *Histoire des Arabes*, tome III.

qu'ils lui envoyèrent secrètement des députés pour lui offrir leur couronne. Abdérame vit les combats qu'il aurait sans doute à livrer; mais, né avec une grande ame, qui s'était encore élevée à l'école de l'adversité, Abdérame n'hésita point. Il passe la mer (J.-C. 755. Hég. 135.), arrive en Espagne, gagne les cœurs de ses nouveaux sujets, rassemble une armée, entre dans Séville, et marche bientôt vers Cordoue, capitale des Etats musulmans.

Abdérame, premier calife d'Occident.

Joseph, au nom des Abbassides, tenta vainement de lui résister : Joseph est vaincu, Cordoue est conquise, plusieurs autres villes ont le même sort. Abdérame est reconnu non-seulement roi des Espagnes, mais il est proclamé calife d'Occident (J.-C. 759. Hég. 142.); et dès ce moment l'Espagne, démembrée du grand empire des Arabes, forma seul un Etat puissant.

Règne d'Abdérame I.

Abdérame I établit à Cordoue le siège de sa nouvelle grandeur. Il n'y fut pas long-temps en paix. Des révoltes suscitées par les Abbassides, des guerres avec les rois de Léon, des irruptions des Français dans la Catalogne (4), occupèrent sans cesse Abdérame. Sa valeur, son activité, triomphèrent de tant d'ennemis. Il se soutint sur le trône avec gloire; il mérita le beau surnom de *Juste*, et chérit, cultiva les arts au milieu des troubles et des périls. Ce fut lui qui, le premier, établit des écoles à Cordoue, où l'on vint étudier l'astronomie, les mathématiques, la médecine, la grammaire; lui-même faisait des vers, et passait pour l'homme le plus éloquent de son siècle. Il embellit, fortifia sa capitale, y construisit un palais superbe, avec des jardins délicieux, et commença la grande mosquée, qui fait encore aujourd'hui l'admiration des voyageurs. Ce monument de magnificence ne fut achevé que sous le calife Haccham, fils et successeur d'Abdérame. L'on dit que les Espagnols n'en ont conservé que la moitié, cependant il a six cents pieds de long sur deux cent cinquante de large. On compte vingt-neuf nefs dans sa longueur, et dix-neuf dans sa largeur. Plus de trois cents colonnes d'albâtre, de jaspe, de marbre, le soutiennent. On y entrait autrefois par vingt-quatre portes de bronze, couvertes de sculptures d'or, et quatre mille sept cents lampes éclairaient toutes les nuits ce magnifique édifice [1].

1. Cardonne, *Histoire d'Afrique et d'Espagne*; Colmenar, *Délices d'Espagne*; Duperron, *Voyage d'Espagne*; Henri Swinburne, *Lettres sur l'Espagne*, etc.

Religion et fêtes des Maures.

C'est là que les califes de Cordoue venaient faire la prière au peuple le vendredi, jour consacré à la religion par les préceptes de Mahomet. C'est là que tous les Musulmans d'Espagne se rendaient en pèlerinage, comme ceux de l'Orient se rendent au temple de la Mecque. On y célébrait avec de grandes solennités la fête du grand et du petit *Beiram*, qui répond à la Pâque des Juifs ; celle du renouvellement de l'année, celle du *Miloud*, ou de l'anniversaire de la naissance de Mahomet. Chacune de ces fêtes durait huit jours. Pendant ce temps, tout travail cessait, on s'envoyait des présens, on allait se visiter, on immolait des victimes ; et les familles réunies, oubliant leurs différends, se juraient une concorde éternelle, se livraient à tous les plaisirs permis par la loi. La nuit, la ville était illuminée, les rues jonchées de fleurs, les promenades, les places publiques retentissaient du son des cistres, des théorbes, des hautbois. Enfin, pour mieux célébrer la fête, les riches prodiguaient des aumônes, et les bénédictions des pauvres se mêlaient aux cantiques de joie.

Abdérame, élevé dans l'Orient, porta le premier en Espagne le goût de ces fêtes superbes. Réunissant, en sa qualité de calife, l'empire et le sacerdoce, il en régla les cérémonies, et les fit célébrer avec toute la pompe, toute la magnificence des souverains de Damas. Ennemi du christianisme, et comptant beaucoup de Chrétiens parmi ses sujets, il ne les persécuta point; mais il priva les villes de leurs évêques, les églises de leurs pasteurs; il encouragea les mariages entre les Maures et les Espagnols, et fit plus de mal à la religion par sa prudente tolérance qu'il n'en eût fait par une cruelle rigueur. Sous son règne, les successeurs de Pélage [1], toujours retirés dans les Asturies et déjà divisés entre eux, furent forcés de se soumettre au tribut honteux de cent jeunes filles. Abdérame ne leur donna la paix qu'à ce prix. Maître de l'Espagne entière depuis la Catalogne jusqu'aux deux mers, il mourut après trente ans de gloire (J.-C. 788. Hég. 172.), laissant la couronne à son fils Haccham, le troisième de ses onze enfans.

Guerres civiles entre les Maures.

Après la mort d'Abdérame, l'empire des Maures fut troublé par des révoltes, par des guerres entre le nouveau calife, ses frères, ses oncles, ou d'autres princes du sang royal. Ces guerres étaient inévitables dans un gouvernement despotique, où même l'ordre de la succession au trône n'était réglé par aucune

---

[1]. Aurélio et Maurégat.

loi. Il suffisait, pour y prétendre, d'être de la race royale; et comme presque toujours les califes laissaient un nombre prodigieux d'enfans, chacun de ces princes se formait un parti, s'établissait dans une ville, s'en déclarait le souverain, et prenait les armes contre le calife. De là cette foule de petits Etats qui s'élevaient, s'anéantissaient, se relevaient à chaque changement de règne; de là cette quantité de rois vaincus, déposés, égorgés, qui rendent l'histoire des Maures d'Espagne si difficile à mettre en ordre, et si monotone pour les lecteurs.

Règnes d'Haccham I et d'Abdélazis.

Haccham, et après lui son fils Abdélazis-el-Hakkam, se soutinrent dans le califat malgré ces dissensions éternelles. Le premier finit la belle mosquée commencée par Abdérame, et porta ses armes en France, où ses généraux pénétrèrent jusqu'à Narbonne. Le second, moins heureux, combattit avec des succès divers contre les Espagnols et contre ses sujets révoltés. (J.-C. 822. Hég. 206.) Il mourut au milieu des troubles. Son fils Abdérame lui succéda.

Règne d'Abdérame II.

Abdérame II fut un grand prince; et cependant son règne est l'époque où les Chrétiens commencèrent à balancer la puissance des Maures. Ils avaient su profiter de leurs longues divisions. Alphonse-le-Chaste, roi des Asturies, monarque politique et vaillant, avait augmenté ses Etats et refusé le tribut des cent jeunes filles. Ramire, successeur d'Alphonse, soutint cette indépendance, et vainquit plusieurs fois les Musulmans. La Navarre devint un royaume; l'Aragon eut ses souverains particuliers, et sut se former un gouvernement où les droits des peuples étaient respectés (5); les gouverneurs de la Catalogne, soumis jusqu'alors aux rois de France, profitèrent de la faiblesse de Louis-le-Débonnaire pour se rendre indépendans. Tout le nord de l'Espagne enfin se déclara l'ennemi des Maures, et le midi se vit en proie aux irruptions des Normands.

Beaux-arts à Cordoue.

Abdérame se défendit contre tant d'adversaires, et mérita par ses talens guerriers le surnom d'*El-mouzaffer*, qui veut dire *le Victorieux*. Au milieu des guerres, au milieu des soins du gouvernement, il encouragea les beaux-arts, il embellit sa capitale d'une nouvelle mosquée, et fit élever un superbe aqueduc, où, dans des canaux de plomb, les eaux les plus abondantes venaient se répandre par toute la ville. Soigneux d'attirer à sa cour les poètes, les philosophes, il s'entretenait souvent avec eux, cultivait lui-même les talens qu'il encourageait dans les autres. Son ame sensible avait réuni tous les goûts. Il fit venir de l'Orient le fameux musicien Ali-Sériab, qui, fixé par ses bienfaits en Espagne, y forma l'école célèbre dont les élèves ont fait depuis les délices de toute l'Asie (6). Enfin, sous le règne d'Abdérame, Cordoue devint le séjour des arts, des sciences et des plaisirs. La férocité musulmane fit place à la galanterie, dont le calife donnait l'exemple. Une seule anecdote suffira pour prouver combien il était doux et généreux.

Anecdote d'Abdérame.

Un jour, une de ses esclaves favorites osa se brouiller avec son maître, se retira dans son appartement, et jura d'en voir murer la porte plutôt que de l'ouvrir au calife. Le chef des eunuques, épouvanté de ce discours, crut entendre des blasphèmes. Il courut se prosterner devant le prince des croyans, et lui rendit l'horrible propos de cette esclave rebelle. Abdérame, en souriant, lui commanda de faire élever devant la porte de sa favorite une muraille de pièces d'argent, et promit de ne franchir cette barrière que quand l'esclave voudrait bien la démolir pour s'en emparer. L'histoire ajoute que, dès le soir même, le calife entra librement chez la favorite apaisée [1].

[1]. Cardonne, *Histoire d'Afrique et d'Espagne*, tome I.

SUR LES MAURES.

Ce prince laissa, de ses différentes femmes, quarante-cinq fils et quarante-une filles. (J.-C. 852. Hég. 238.) Mohammed, l'aîné de ses fils, lui succéda.

Règnes de Mohammed, d'Almouzir et d'Abdalla.

Les règnes de Mohammed et de ses successeurs Almouzir et Abdalla n'offrent, pendant un espace de soixante années, qu'une suite continuelle de troubles, de guerres civiles, de révoltes des principales villes dont les gouverneurs cherchaient à se rendre indépendans. Alphonse-le-Grand, roi des Asturies, profita de ces dissensions pour affermir sa puissance. Les Normands, d'un autre côté, vinrent de nouveau ravager l'Andalousie. Tolède, souvent punie et toujours rebelle, eut des rois particuliers. Saragosse imita son exemple. L'autorité des califes fut avilie; leur empire, ébranlé de toutes parts, paraissait sur le penchant de sa ruine, lorsque Abdérame III, neveu d'Abdalla, monta sur le trône de Cordoue (J.-C. 912. Hég. 300.), et lui rendit pour quelque temps son éclat et sa majesté.

Règne d'Abdérame III.

Ce prince, dont le nom chéri des Musulmans semblait être d'un heureux présage, prit le titre d'*Emir al Muménim*, qui signifie *Prince des vrais croyans* [1]. Il commença son règne par des victoires. Les rebelles, que ses prédécesseurs n'avaient pu réduire, furent défaits, les factions dissipées, l'ordre et le calme rétablis. Attaqué bientôt par les Chrétiens, Abdérame implora les secours des Maures d'Afrique, et soutint de longues guerres contre les rois de Léon et les comtes de Castille, qui lui enlevèrent la ville de Madrid, peu considérable alors. (J.-C. 931. Hég. 319.) Battu souvent, quelquefois vainqueur, mais toujours grand et redouté, il sut réparer ses pertes et profiter de sa fortune. Politique profond, habile capitaine, il entretint les divisions parmi les princes espagnols, porta douze fois ses armes jusque dans le centre de leurs Etats, et, créateur d'une marine, il s'empara, sur les côtes d'Afrique, de Seldjemesse et de Ceuta.

Ambassade de l'empereur grec.

Malgré les guerres éternelles qui l'occupèrent pendant tout son règne, malgré les dépenses énormes que devaient lui coûter ses armées, ses flottes, les secours qu'il achetait en Afrique, Abdérame étalait à sa cour un luxe, une magnificence, dont les détails nous paraîtraient des fables, s'ils n'étaient attestés par tous les historiens. L'empereur grec, Constantin IX, fils de Léon, voulant opposer aux

---

[1]. Nous en avons fait le nom ridicule de Miramolin.

califes abbassides de Bagdad un ennemi capable de
leur résister, envoya des ambassadeurs à Cordoue
pour faire alliance avec Abdérame. Celui-ci, flatté
de voir des Chrétiens venir de si loin implorer son
appui, déploya dans cette occasion toute la pompe
asiatique. Il envoya jusqu'à Jaën recevoir les ambassadeurs. Des corps nombreux de cavalerie, magnifiquement habillés, les attendaient sur le chemin
de Cordoue. Une infanterie plus brillante encore
remplissait les avenues du palais. Les cours étaient
couvertes des plus beaux tapis de Perse et d'Egypte,
les murailles tendues d'étoffes d'or. Le calife, sur
un trône éclatant, environné de sa famille, de ses
visirs, d'une foule de courtisans, les reçut dans une
galerie où toutes ses richesses étaient étalées. Le
hadjeb, dignité qui, chez les Maures, répondait à
celle de nos anciens maires du palais, introduisit les
ambassadeurs. Eblouis de cet appareil, ils se prosternèrent devant Abdérame, et lui remirent la lettre
de Constantin écrite sur du parchemin bleu, renfermée dans une boîte d'or. Le calife signa le traité,
combla de présens les envoyés de l'empereur, et les
fit accompagner par une suite nombreuse jusque
dans les murs de Constantinople.

Magnificence et galanterie des Maures.

Ce même Abdérame, sans cesse occupé de combats ou de politique, fut amoureux toute sa vie d'une de ses esclaves, nommée *Zehra*[1]. Il fonda pour elle une ville à deux milles de Cordoue, et lui donna le nom de *Zehra*. Cette ville, détruite à présent, était au pied de hautes montagnes d'où coulaient plusieurs sources d'eau vive qui venaient serpenter dans les rues, répandre partout la fraîcheur, et former au milieu des places publiques des fontaines toujours jaillissantes. Les maisons, bâties sur un même modèle, surmontées de plates-formes, étaient accompagnées de jardins remplis de bosquets d'orangers; et la statue de la belle esclave (7) se distinguait sur la principale porte de cette ville de l'amour.

Toutes ces beautés étaient effacées par le palais de la favorite. Abdérame, allié des empereurs grecs, leur avait demandé les plus habiles de leurs architectes; et le souverain de Constantinople, séjour alors des beaux-arts, s'était empressé de les lui envoyer avec quarante colonnes de granit, les plus belles qu'il avait pu rassembler. Indépendamment de ces magnifiques colonnes, l'on en comptait dans ce palais plus de douze cents de marbre d'Espagne ou d'Italie. Les murs du salon nommé *du califat* étaient couverts d'ornemens d'or. Plusieurs

---

[1]. Ce nom signifie *fleur*, *ornement du monde*.

animaux du même métal jetaient de l'eau dans un bassin d'albâtre, au-dessus duquel était suspendue la fameuse perle que l'empereur Léon avait donnée au calife comme un inestimable trésor. Les historiens[1] ajoutent que, dans le pavillon où la favorite passait la soirée avec Abdérame, le plafond, revêtu d'or et d'acier, était incrusté de pierres précieuses, et qu'au milieu de l'éclat des lumières réfléchies par cent lustres de cristal, une gerbe de vif-argent jaillissait dans un bassin d'albâtre.

On aura peine sans doute à croire de tels récits; on pensera lire des contes orientaux, et l'on m'accusera peut-être d'aller prendre mes mémoires dans les *Mille et une Nuits*; mais tous ces faits, tous ces détails, sont attestés par les écrivains arabes, rapportés par M. Cardonne qui les a lus, comparés avec soin, confirmés par M. Swinburne, Anglais peu crédule et bon observateur. J'avoue que ces monumens, que ce faste, que cette pompe, ne ressemblent à rien de ce que nous connaissons; et je sais que la plupart des hommes mesurant toujours leur foi sur leurs connaissances acquises, croient à fort peu de choses: mais les détails que nous trouvons dans des auteurs authentiques[2], sur le luxe, la

---

[1]. Novaïri, *Historia Ommiadarum*, etc.; Mogrebi, *Histor. Hispan.*

[2]. Bernier, Thomas Rhoé, Marc Paul, Duhalde, etc.

magnificence des souverains de l'Asie, sont au moins aussi étonnans; et, j'ose le demander, si par un tremblement de terre les pyramides d'Egypte eussent été détruites, croirions-nous les historiens qui nous en donnent les justes dimensions?

Les écrivains d'où j'ai tiré ces détails rapportent aussi les sommes que coûtèrent à élever ce palais et cette ville de Zehra : elles se montèrent, par an, à trois cent mille *dinars* d'or [1], et vingt-cinq ans suffirent à peine pour achever ces travaux.

A ces frais immenses il faut ajouter l'entretien d'un sérail dont les femmes, les concubines, les esclaves, les eunuques noirs et blancs, formaient un nombre de six mille trois cents personnes. Les officiers de la maison du calife, les chevaux destinés pour lui, étaient dans une égale proportion. Douze mille cavaliers composaient sa seule garde; et, si l'on réfléchit qu'Abdérame, dans un état de guerre continuel avec les princes espagnols, fût obligé d'avoir sans cesse sur pied de nombreuses armées, d'entretenir une marine, d'acheter souvent des stipendiaires en Afrique, et de fortifier des places sur des frontières toujours menacées, on aura peine à comprendre comment ses revenus lui suffisaient. Mais ses ressources étaient immenses; et le souverain

---

[1]. En n'évaluant le dinar qu'à dix livres, cela fait en tout soixante-quinze millions de notre monnaie.

de Cordoue était peut-être le roi de l'Europe le plus riche et le plus puissant (8).

Richesses des califes de Cordoue.

Il possédait le Portugal, l'Andalousie, les royaumes de Grenade, de Murcie, de Valence, la plus grande partie de la nouvelle Castille, c'est-à-dire les plus beaux pays de l'Espagne. Ces provinces alors étaient extrêmement peuplées, et les Maures avaient porté l'agriculture au dernier point de perfection. Les historiens nous assurent que sur les bords du Guadalquivir il existait douze mille villages; qu'un voyageur ne pouvait marcher un quart d'heure dans la campagne sans rencontrer quelque hameau. On comptait dans les Etats du calife quatre-vingts grandes villes, trois cents du second ordre, un nombre infini de bourgs. Cordoue, la capitale, renfermait dans ses murs deux cent mille maisons [1], neuf cents bains publics. Tout a bien changé depuis l'expulsion des Maures. La raison en est simple: les Maures, vainqueurs des Espagnols, ne persécutèrent point les vaincus; les Espagnols, vainqueurs des Maures, les ont persécutés et chassés.

On fait monter les revenus des califes de Cordoue à douze millions quarante-cinq mille *dinars* d'or; ce

---

[1]. Ces maisons ne contenaient jamais qu'une famille.

qui fait plus de cent trente millions de notre monnaie. Indépendamment de cet or, beaucoup d'impôts se payaient en fruits de la terre; et chez un peuple agriculteur, laborieux, possesseur du pays le plus fertile du monde, cette richesse est incalculable. Les mines d'or et d'argent, de tous temps communes en Espagne, étaient une nouvelle source de trésors. Le commerce enrichissait le peuple et le souverain; ce commerce avait plusieurs branches : les soies, les huiles, le sucre, la cochenille, le fer, la laine, très-estimée dès ce temps-là, l'ambre gris, le karabé, l'aimant, l'antimoine, le talc, la marcassite, le cristal de roche, le soufre, le safran, le gingembre, le corail pêché sur les côtes de l'Andalousie, les perles sur celles de Catalogne; les rubis, dont on avait découvert deux mines, l'une à Malaga, l'autre à Béja; toutes ces productions du sol, avant ou après avoir été mises en œuvre, étaient transportées en Afrique, en Egypte, dans l'Orient. Les empereurs de Constantinople, toujours alliés nécessaires des califes de Cordoue, favorisaient ces différens commerces; et l'étendue immense des côtes, le voisinage de l'Afrique, de l'Italie, de la France, contribuaient à les rendre plus florissans.

Beaux-arts cultivés à Cordoue.

Les arts, enfans du commerce et qui nourrissent

leur père, ajoutèrent un nouvel éclat au règne brillant d'Abdérame. Les palais, les jardins qu'il construisait, les fêtes magnifiques de sa cour, attiraient de toutes parts les architectes, les artistes. Cordoue était le centre de l'industrie et l'asile des sciences. La géométrie, l'astronomie, la chimie, la médecine, avaient des écoles célèbres, qui produisirent, un siècle après, Averroès et Abenzoar. Les poètes, les philosophes, les médecins arabes, étaient si renommés, qu'Alphonse-le-Grand, roi des Asturies, voulant confier son fils Ordogno à des hommes capables d'instruire un prince, fut obligé, malgré la différence des religions, malgré la haine des Chrétiens pour les Musulmans, d'appeler près de lui deux précepteurs maures; et l'un des successeurs de cet Alphonse, Sanche-le-Gros, roi de Léon, attaqué d'une hydropisie que l'on regardait comme mortelle, n'hésita pas à venir à Cordoue, chez Abdérame son ennemi, se livrer à ses médecins [1]. Sanche fut guéri. Ce trait singulier fait autant d'honneur aux savans arabes qu'à la générosité du calife et à la confiance du roi chrétien.

Tel fut l'état de Cordoue sous le règne d'Abdérame III. Il occupa le trône plus de cinquante ans; l'on a pu voir si ce fut avec gloire. Mais rien ne prou-

---

[1]. Mariana, Ferreras, Garibai, etc. *Histoire d'Espagne*.

vera peut-être combien ce prince était au-dessus des autres rois comme l'écrit que l'on trouva dans ses papiers après sa mort. Voici cet écrit tracé de sa main :

« Cinquante ans se sont écoulés depuis que je
« suis calife. Richesses, honneurs, plaisirs, j'ai joui
« de tout, j'ai tout épuisé. Les rois mes rivaux
« m'estiment, me redoutent et m'envient. Tout
« ce que les hommes désirent m'a été prodigué
« par le ciel. Dans ce long espace d'apparente féli-
« cité, j'ai calculé le nombre de jours où je me
« suis trouvé heureux : ce nombre se monte à qua-
« torze. Mortels, appréciez la grandeur, le monde et
« la vie ! »

Ce monarque eut pour successeur son fils ainé Aboul-Abbas el Hakkam, qui prit, ainsi que son père, le titre d'*Emir al Muménim*. (J.-C. 961, Hég. 350.)

Règne d'Hakkam II.

Le couronnement d'Hakkam se fit avec une grande pompe dans la ville de Zehra. Le nouveau calife reçut le serment de fidélité des chefs de la garde scythe, corps d'étrangers redoutable et nombreux qu'Abdérame avait créé. Les frères, les parens d'Hakkam, les visirs et leur chef l'*hadjeb*, les eunuques noirs et blancs, les archers, les cuirassiers de la garde, jurèrent d'obéir au monarque. Cette cérémonie fut terminée par les funérailles d'Abdérame, dont on porta le corps à Cordoue, dans le tombeau de ses aïeux.

Hakkam, moins guerrier que son père, mais aussi sage, aussi habile, jouit de plus de tranquillité. Son règne fut celui de la justice et de la paix. Les exploits, la vigilance d'Abdérame, avaient éteint les révoltes. Les rois chrétiens, divisés entre eux, ne songèrent pas à troubler les Maures. La trève conclue avec la Castille et Léon ne fut rompue qu'une seule fois. Le calife, qui commanda lui-même son armée, fit une campagne glorieuse, prit plusieurs villes aux Espagnols. Pendant le reste de son règne, Hakkam s'appliqua tout entier à rendre ses sujets heureux, à cultiver les sciences, à rassembler dans son palais une immense quantité de livres, surtout à faire respecter les lois. Ces lois étaient simples et peu nombreuses.

Lois et justice des Maures.

Il ne paraît pas que chez les Maures il y eût un code civil autre que le code religieux. La jurisprudence se réduisait à l'application des principes contenus dans l'Alcoran. Le calife, comme chef suprême de la religion, pouvait bien les interpréter, mais il n'eût osé les enfreindre. Toutes les semaines, au moins une fois, dans une audience publique, il écoutait les plaintes de ses sujets, interrogeait les coupables, et, sans quitter son tribunal, les faisait aussitôt punir. Les gouverneurs nommés par lui dans les villes, dans les provinces, commandaient au militaire, percevaient les revenus publics, administraient la police, et répondaient des délits arrivés dans leurs gouvernemens. Des hommes publics, versés dans les lois, remplissaient les fonctions de notaires, donnaient une forme juridique aux actes qui assuraient les propriétés; et, lorsqu'il s'élevait des procès, des magistrats appelés *cadis*, respectés du peuple et du souverain, pouvaient seuls en être les juges. Mais ces procès n'étaient jamais longs : les avocats, les procureurs étaient inconnus; point de dépens, point de chicane. Les parties plaidaient elles-mêmes, et les arrêts du cadi s'exécutaient sur-le-champ.

La jurisprudence criminelle n'était guère plus compliquée : elle employait presque toujours la peine du talion, ordonnée par le prophète. Les riches pouvaient, à la vérité, racheter avec de l'argent le sang qu'ils avaient versé; mais il fallait pour cela que les parens du mort y consentissent : le calife lui-même n'aurait osé leur refuser la tête de son fils coupable d'homicide, s'ils s'étaient obstinés à la demander.

Autorité des pères et des vieillards.

Ce code si simple pouvait ne pas suffire ; mais la suprême autorité des pères sur les enfans, des époux sur les épouses, suppléait aux lois qui manquaient. Les Arabes avaient conservé de leurs anciennes mœurs patriarcales ce respect, cette soumission, cette obéissance passive de la famille pour son chef. Chaque père, dans sa maison, avait presque les droits du calife; il jugeait sans appel les querelles entre ses femmes, entre ses fils; il punissait sévèrement les moindres fautes, et pouvait même punir de mort certains crimes. La vieillesse seule donnait cet empire. Un vieillard était un objet sacré. Sa présence arrêtait les désordres ; le jeune homme le plus fougueux baissait les yeux à sa rencontre, écoutait patiemment ses leçons, et croyait voir un magistrat à l'aspect d'une barbe blanche.

Cette puissance des mœurs, qui vaut mieux que celle des lois, se soutint long-temps à Cordoue. Le sage Hakkam ne l'affaiblit pas : on en jugera par le trait suivant.

Trait de justice d'Hakkam.

Une pauvre femme de Zehra possédait un petit champ contigu aux jardins du calife. Hakkam voulut bâtir un pavillon dans ce champ, et fit proposer à cette femme de le lui vendre. Celle-ci refusa toutes les offres, en déclarant qu'elle ne renoncerait jamais à l'héritage de ses pères. Hakkam sans doute ne fut pas informé de la résistance de cette femme. L'intendant des jardins, en digne ministre d'un roi despote, s'empara du champ par force, et le pavillon fut bâti. La pauvre femme, au désespoir, courut à Cordoue raconter son malheur au cadi Béchir, et le consulter sur ce qu'elle devait faire. Le cadi pensa que le prince des croyans n'avait pas plus qu'un autre le droit de s'emparer du bien d'autrui; et il s'occupa des moyens de lui rappeler cette vérité, que les meilleurs princes peuvent oublier un moment.

Un jour qu'Hakkam, environné de sa cour, était allé dans le beau pavillon bâti sur le terrain de la pauvre femme, on vit arriver le cadi Béchir monté sur son âne, portant dans ses mains un sac vide. Le calife étonné lui demanda ce qu'il voulait. Prince des fidèles, répond Béchir, je viens te demander la permission de remplir ce sac de la terre que tu foules à présent à tes pieds. Hakkam y consent avec joie; le cadi remplit son sac de terre. Quand il fut plein, il le laisse debout, s'approche du calife, et le supplie de mettre le comble à sa bonté en l'aidant à charger ce sac sur son âne. Hakkam s'amuse de la proposition, l'accepte, et vient pour soulever le sac. Mais, pouvant à peine le mouvoir, il le laisse tomber en riant, et se plaint de son poids énorme. Prince des croyans, dit alors Béchir avec une imposante gravité, ce sac que tu trouves si lourd ne contient pourtant qu'une petite parcelle du champ usurpé par toi sur une de tes sujettes : comment soutiendras-tu le poids de ce champ, quand tu paraîtras devant le grand juge chargé de cette iniquité? Hakkam, frappé de cette image, courut embrasser le cadi, le remercia, reconnut sa faute, et rendit sur l'heure à la pauvre femme le champ dont on l'avait dépouillée, en y joignant le don du pavillon et des richesses qu'il contenait.

Un despote capable d'une telle action ne le cède qu'au cadi qui le força de la faire.

Hakkam mourut après quinze ans de règne. (J.-C. 976. Hég. 366.) Son fils Haccham lui succéda.

Règne d'Haccham II. Victoire d'Almanzor.

Ce prince était enfant quand il monta sur le trône. Son enfance dura toute sa vie. Pendant et après sa minorité, un Maure célèbre, nommé Mahomet Almanzor, revêtu de l'importante charge d'*habed*, gouverna l'Etat avec gloire. Cet Almanzor, qui réunissait au génie d'un homme d'Etat les talens d'un grand capitaine, cet Almanzor, le plus redoutable, le plus fatal ennemi qu'eussent encore combattu les Chrétiens, régna pendant vingt-six ans sous le nom de l'indolent Haccham. Il porta cinquante-deux fois la guerre dans la Castille ou les Asturies (J.-C. 985, 996, 997. Hég. 375, 387, 388.), prit et saccagea les villes de Barcelone, de Léon, pénétra jusqu'à Compostelle, détruisit sa fameuse église, dont il rapporta les dépouilles à Cordoue, rendit quelques momens aux Arabes leur première force, leur ancienne énergie, et fit respecter de toute l'Espagne le faible calife son maître, qui pendant ce temps s'endormait au milieu des femmes et des plaisirs (9).

Mais cet éclat fut le dernier dont brilla l'empire des Ommiades. Les rois de Léon, de Navarre, et le comte de Castille, se réunirent pour résister au redoutable Almanzor. (J.-C. 998. Hég. 389.) La bataille se donna non loin de Médina-Céli : elle fut longue, sanglante et douteuse. Les Maures, effrayés de leur perte, prirent la fuite après le combat. Almanzor, à qui cinquante ans de victoires avaient persuadé qu'il était invincible, mourut de douleur de ce premier revers. Avec ce grand homme périt la fortune des Arabes. Depuis ce jour, les Espagnols s'agrandirent sur leurs débris.

Troubles à Cordoue. Fin du califat.

Les fils d'Almanzor, successivement, remplacèrent leur illustre père. En héritant de sa puissance, ils n'héritèrent pas de ses talens. Les factions se renouvelèrent. Un parent du calife prit les armes et s'empara de la personne d'Haccham, qu'il n'osa pourtant immoler. Il l'enferma dans une prison, en répandant le bruit de sa mort. (J.-C. 1005. Hég. 396.) Ces nouvelles parvinrent en Afrique. Un prince ommiade accourt avec des troupes, sous prétexte de venger Haccham. Le comte de Castille s'unit avec lui. La guerre civile s'allume dans Cordoue. Elle embrasa toute l'Espagne; et les princes chrétiens reprirent alors les villes qu'Almanzor leur avait ôtées. L'imbécile Haccham, jouet de tous les partis, fut replacé sur le trône, et bientôt après forcé d'y renoncer pour échapper à la mort. Une foule de conjurés [1] furent tour à tour proclamés califes, et tour à tour déposés, empoisonnés ou égorgés. Un dernier rejeton de la race des Ommiades, Almundir, osa revendiquer ses droits au milieu des troubles et des combats. Ses amis lui représentèrent les périls qu'il allait courir. Que je règne un jour, leur répondit-il, et que le lendemain j'expire, je ne me plaindrai point de mon sort. Ses désirs ne furent pas accomplis : il fut massacré sans être calife. D'autres usurpateurs se succédèrent, et ne régnèrent que peu de

1. Mahadi, Suleiman, Ali, Abdérame IV, Gasim, Jahiah, Haccham III, Mohammed, Abdérame V, Jahiah II, Haccham IV, Jalmar ben-Mohammed.

momens. Jalmar ben-Mohammed fut le dernier. (J.-C. 1027. Hég. 419.) En lui finit l'empire des califes d'Occident, que la dynastie des Ommiades avait occupé pendant trois siècles. Avec ces princes s'anéantirent la force et la gloire de Cordoue. Les gouverneurs des différentes villes sujettes à cette cité profitèrent de ces temps d'anarchie pour s'ériger en souverains. Cordoue ne fut même plus la capitale d'un royaume; elle conserva seulement la suprématie religieuse qu'elle devait à sa mosquée. Affaiblis par leurs divisions, les Maures, soumis à tant de monarques, ne purent résister aux Espagnols. Cette troisième époque de leur histoire n'offrira que leur décadence.

FIN DE LA SECONDE ÉPOQUE.

TROISIÈME ÉPOQUE.

LES PRINCIPAUX ROYAUMES ÉLEVÉS SUR LES RUINES
DU CALIFAT;

Depuis le commencement du onzième siècle jusqu'au milieu du treizième.

Dès le commencement du onzième siècle, lorsque le trône de Cordoue était chaque jour teint du sang d'un nouvel usurpateur, les gouverneurs des principales villes, comme nous l'avons déjà dit, s'étaient arrogé le titre de rois. Tolède, Saragosse, Séville, Valence, Lisbonne, Huesca, plusieurs autres places moins considérables, eurent leurs souverains particuliers. L'histoire de ces nombreux monarques serait presque aussi fatigante pour le lecteur que pour l'écrivain : elle ne présente pendant deux cents ans que des massacres continuels, des forteresses prises, reprises, des pillages, des séditions, quelques exploits et beaucoup de crimes. Je passerai rapidement sur ces deux siècles de malheurs, en me contentant d'indiquer la fin de ces petites monarchies.

État de l'Espagne chrétienne.

L'Espagne chrétienne, dans le même temps, nous offre à peu près les mêmes tableaux. Les rois de Léon, de Navarre, de Castille, d'Aragon, presque tous parens, et quelquefois frères, ne s'en égorgent pas moins entre eux. La différence des religions ne les empêche pas de s'unir aux Maures pour accabler d'autres Chrétiens ou d'autres Maures leurs ennemis. Ainsi, dans une bataille que se livrent les Musulmans, on trouve parmi les Maures un comte d'Urgel et trois évêques de Catalogne (1). Ainsi le roi de Léon, Alphonse V, donne sa sœur Thérèse en mariage au roi de Tolède, Abdalla, pour s'en faire un allié contre la Castille. (J. C. 1010 et suiv.) Les fils de Sanche-le-Grand s'arrachent à main armée l'héritage que leur père leur avait assigné (J.-C. 1014.); les enfans du fameux Ferdinand [1] sont dépouillés par leur frère Sanche (J.-C. 1070.); un autre Sanche [2], roi de Navarre, est assassiné par le sien. (J.-C. 1076.) Chez les Chrétiens comme chez les Maures, les crimes se multiplient, les guerres civiles, étrangères, domestiques, déchirent à la fois l'Espagne; et les peuples, toujours malheureux, paient de leurs

---

1. Ferdinand I de Castille.
2. Sanche IV de Navarre.

biens, de leur sang, les forfaits de leurs souverains.

Royaume de Tolède. Sa fin.

Dans cette longue suite d'événemens déplorables, on aime à voir un roi de Tolède, nommé Almamon, un roi de Séville, nommé Bénabad, donner un asile dans leur cour, l'un au jeune Alphonse, roi de Léon, l'autre à l'infortuné Garcie, roi de Galice, tous deux chassés de leurs Etats par leur frère Sanche de Castille. (J.-C. 1071 et suiv. Hég. 465 et suiv.) Sanche poursuivait ses frères comme ses plus cruels ennemis; et les monarques maures, ennemis naturels de tous les Chrétiens, reçurent ces deux princes comme des frères. Almamon surtout prodigua les soins les plus tendres au malheureux Alphonse : il s'occupa de lui procurer à Tolède tous les plaisirs qui pouvaient le consoler de la perte de son trône; il lui donna des revenus, le traita comme un fils chéri. Bientôt la mort du barbare Sanche rendit Alphonse héritier de Léon et de la Castille (J.-C. 1072. Hég. 466) : le généreux Almamon, qui tenait alors dans ses mains le roi de ses ennemis, l'accompagna jusqu'à la frontière, le combla de présens, de caresses, lui offrit ses troupes et ses trésors. Tant que cet Almamon vécut, Alphonse IV n'oublia point ses bienfaits; il conserva la paix avec lui, le secourut contre le roi de Séville, et traita de même son fils Haccham, successeur du bon Almamon. Mais, après un règne assez court, Haccham laissa le trône de Tolède à son jeune frère Jahiah. Ce prince mécontenta les Chrétiens, qui étaient en grand nombre dans sa ville : ils prièrent en secret Alphonse de venir attaquer Jahiah. Le souvenir d'Almamon fit long-temps hésiter Alphonse. La reconnaissance lui défendait d'écouter les conseils de l'ambition : la reconnaissance fut la plus foible. Alphonse vint camper devant Tolède. Après un siège long et célèbre, où s'empressèrent d'accourir plusieurs guerriers navarrois et français, Tolède enfin capitula. (J. C. 1085.) Le vainqueur permit au fils d'Almamon d'aller régner à Valence : il s'engagea par serment à conserver aux Maures leurs mosquées, et ne put empêcher les Chrétiens de violer bientôt cette promesse.

Succès des Chrétiens. Le Cid.

Telle fut la fin du royaume et des rois maures de Tolède. Cette ancienne capitale des Goths appartenait aux Arabes depuis trois cent soixante-douze ans. Plusieurs autres villes, moins puissantes, ne tardèrent pas à subir le joug. Les rois d'Aragon, de Navarre, les comtes de Barcelone, harcelaient, assiégeaient sans cesse les petits princes musulmans restés dans le nord de l'Espagne. Les rois de Castille et de Léon occupaient assez ceux du midi pour les empêcher de secourir leurs frères. Le Cid surtout, le fameux Cid, suivi d'une troupe invincible, que sa gloire seule avait rassemblée, courait, volait dans les Espagnes, faisant triompher les Chrétiens, combattant même pour les Maures quand les Maures se déchiraient entre eux, et portant toujours la victoire dans le parti qu'il daignait choisir. Ce héros, le plus estimable peut-être de tous ceux que l'histoire a célébrés, puisque sa grande ame fut toujours pure, puisqu'à ses talens guerriers il sut réunir les vertus morales; ce simple chevalier castillan, à qui son nom seul donna des armées, se vit le maître de plusieurs villes, aida le roi d'Aragon à s'emparer d'Huesca, et conquit seul avec ses hommes d'armes le royaume de Valence. (J.-C. 1094. Hég. 487.) Aussi puissant que son souverain, dont il eut souvent à se plaindre, envié, persécuté par des courtisans jaloux, il n'oublia jamais un moment qu'il était sujet du roi de Castille. Exilé, banni de sa cour et même de ses Etats, il allait, avec ses braves compagnons, attaquer, vaincre les Maures, et il envoyait les vaincus rendre hommage au roi qui l'avait banni. Rappelé bientôt près d'Alphonse par le besoin qu'on avait de son bras, le Cid quittait ses conquêtes, et, sans demander de réparations, revenait défendre ses persécuteurs : toujours prêt, dans sa disgrace, à tout oublier pour son roi ; toujours prêt, dans sa faveur, à lui déplaire pour la vérité (2).

Tant que le Cid put combattre, les Chrétiens eurent l'avantage; mais peu d'années avant sa mort, arrivée en 1099, les Maures d'Andalousie changèrent de maître, et devinrent pour quelques instans plus redoutables que jamais.

Royaume de Séville.

Depuis la chute de Tolède, Séville s'était élevée. Les souverains de cette ville, possesseurs de l'ancienne Cordoue, l'étaient encore de l'Estramadure et d'une partie du Portugal. Bénabad, roi de Séville, et l'un des meilleurs princes de ce siècle, était alors le seul ennemi qui pût inquiéter la Castille. Alphonse VI voulut s'allier avec ce Maure puissant : il lui demanda sa fille en mariage, l'obtint, et reçut plusieurs places pour sa dot. Cet hymen extraordinaire, qui semblait assurer la paix entre les deux nations, devint la cause ou le prétexte de nouveaux combats.

Les Almoravides règnent en Afrique.

L'Afrique, après avoir été démembrée du vaste empire des califes d'Orient par les califes Fatimites; après avoir, pendant trois siècles de guerres civiles, appartenu successivement à des vainqueurs plus féroces, plus sanguinaires que les lions de ses déserts (3), l'Afrique venait d'être asservie par la famille des Almoravides, tribu puissante, originaire de l'Egypte. Joseph Ben-Tessefin, second prince de cette dynastie, venait de fonder l'empire et la ville de Maroc. Doué de quelques talens pour la guerre, orgueilleux de sa puissance, et brûlant de l'augmenter, Joseph regardait d'un œil d'envie les beaux climats de l'Espagne conquis autrefois par les Africains.

Conquêtes des Almoravides en Espagne.

Quelques historiens prétendent que le roi de Castille, Alphonse VI, et son beau-père Bénabad, roi de Séville, ayant formé le projet de se partager l'Espagne entière, firent la faute capitale d'appeler les Maures d'Afrique pour les aider dans ce grand projet. D'autres auteurs, appuyés sur des raisons plus plausibles, disent que les petits rois musulmans, voisins ou tributaires de Bénabad, justement alarmés de son alliance avec un Chrétien, sollicitèrent l'appui de l'Almoravide. Quoi qu'il en soit, l'ambitieux Joseph saisit cette heureuse occasion : il passa la mer avec une armée, vint attaquer aussitôt Alphonse, et le vainquit dans une bataille. (J.-C. 1097. Hég. 490.) De là, tournant ses armes contre Bénabad, Joseph prit Cordoue, assiégea Séville, et se préparait à donner l'assaut, lorsque le vertueux Bénabad, sacrifiant sa couronne, et même sa liberté, pour sauver ses sujets des horreurs du pillage, vint se mettre avec sa famille, composée de cent enfans, à la discrétion de l'Almoravide. Ce barbare eut l'atrocité de le faire charger de chaines, et, redoutant jusqu'aux vertus qui rendaient ce bon roi si cher à son peuple, il l'envoya finir ses jours dans une prison d'Afrique, où ses filles étaient obligées de travailler de leurs mains pour nourrir leur père et leurs frères. L'infortuné Bénabad vécut six ans dans cette prison, ne regrettant le trône que pour son peuple, ne supportant la vie que pour ses enfans, et composant, dans ses longs loisirs, des poésies qu'on a conservées, où il console ses filles, où il rappelle sa grandeur passée, et se donne en exemple aux rois qui osent compter sur la fortune [1].

Des princes français viennent en Espagne.

Joseph, maître de Séville et de Cordoue, ne tarda pas à soumettre les autres petits Etats musulmans. Les Maures, réunis sous un seul monarque aussi puissant que Joseph, menaçaient de redevenir ce qu'ils avaient été sous leurs califes. Les princes espa-

---

1. Cardonne, *Histoire d'Afrique.*

gnols le sentirent, et, suspendant leurs querelles particulières, ils se joignirent avec Alphonse pour résister aux Africains. C'était le temps où le fanatisme de la religion et de la gloire faisait tout quitter aux guerriers de l'Europe pour aller combattre les infidèles. Raimond de Bourgogne et son parent Henri, tous deux princes du sang de France, Raimond de Saint-Gilles, comte de Toulouse, d'autres chevaliers leurs vassaux, franchirent les Pyrénées, et vinrent se ranger sous les drapeaux du roi de Castille. Joseph fut forcé de fuir, et repassa bientôt la mer. Le reconnaissant Alphonse donna ses filles pour récompense aux Français qui l'avaient secouru. L'ainée Urraque épousa Raimond de Bourgogne, et en eut un fils qui depuis hérita de la Castille. Thérèse devint femme de Henri, en lui apportant pour dot les terres qu'il avait conquises et qu'il pourrait conquérir en Portugal : ce fut là l'origine de ce royaume. Elvire fut donnée à Raimond, comte de Toulouse, qui l'emmena dans la Terre Sainte, où sa valeur fonda des Etats.

Fin du royaume de Saragosse. Fondation du royaume de Portugal.

Excités par ces exemples, d'autres Français vinrent peu après aider le roi d'Aragon, Alphonse le Batailleur, à se rendre maître de Saragosse, et à dé-

truire pour toujours cet ancien royaume des Maures.
(J.-C. 1118. Hég. 512.) Le fils de Henri de Bourgogne,
Alphonse I, roi de Portugal, prince renommé par
sa valeur, profita d'une flotte d'Anglais, de Flamands
et de Germains qui allaient à la Terre-Sainte, pour
mettre le siège devant Lisbonne.(J.-C. 1147. Hég. 542.)
Il emporta d'assaut cette forte place, dont il fit la
capitale de son nouveau royaume. Pendant ce temps
les rois de Castille et de Navarre étendaient leurs
conquêtes dans l'Andalousie ; les Maures étaient partout battus, leurs villes se rendaient de toutes parts,
sans que les Almoravides fissent de grands efforts
pour les secourir. Ces princes étaient alors occupés
dans leurs foyers à combattre de nouveaux sectaires,
dont le chef, nommé Tomrut, sous prétexte de ramener les peuples à la doctrine pure de Mahomet,
se frayait un chemin au trône, et finit, après bien
des combats, par en chasser les Almoravides. Maîtres
de Maroc et de Fez, les vainqueurs, selon l'usage
d'Afrique, exterminèrent la race entière des vaincus, et fondèrent une nouvelle dynastie, connue
sous le nom des Almohades. (J.-C. 1149. Hég. 544.)

État des beaux-arts chez les Maures. Abenzoar. Averroès.

Au milieu de ces divisions, de ces guerres, de ces
combats, les beaux-arts se cultivaient encore à Cordoue. Ils n'étaient plus, dans cette ville déchue, ce

qu'ils avaient été sous les Abdérames : mais les écoles de philosophie, de poésie, de médecine, subsistaient toujours; et ces écoles, dans le douzième siècle, produisirent plusieurs hommes célèbres, parmi lesquels se distinguèrent le savant Abenzoar et le fameux Averroès. Le premier, également habile dans la médecine, dans la pharmacie, dans la chirurgie, vécut, dit-on, cent trente-cinq ans, et nous a laissé des ouvrages estimés. Le second, médecin comme lui, mais de plus philosophe, poète, jurisconsulte, commentateur, s'acquit une grande réputation que les siècles ont confirmée. Le partage qu'il fit de sa vie donne à réfléchir à l'esprit : dans sa jeunesse, il aima tous les plaisirs, et fut passionné pour la poésie : dans l'âge mûr, il brûla les vers qu'il avait faits, étudia la législation, et remplit la charge de juge : devenu plus vieux, il quitta cette place pour se livrer à la médecine, dans laquelle il obtint de très-grands succès : enfin la philosophie remplaça seule ses premiers goûts et l'occupa tout entier jusqu'à la fin de ses jours. Averroès fut le premier qui répandit chez les Maures le goût de la littérature grecque : il traduisit en arabe et commenta les œuvres d'Aristote; il écrivit plusieurs autres livres de philosophie, de médecine, et jouit de la double gloire d'éclairer les hommes et de les servir (4).

Divisions parmi les Chrétiens et parmi les Maures.

Tant que l'Afrique, déchirée par la longue guerre des Almoravides et des Almohades, ne put s'opposer aux progrès des Espagnols, ceux-ci, profitant de ces troubles, étendirent leurs conquêtes dans l'Andalousie. Si leurs princes, moins désunis, avaient agi de concert, ils seraient parvenus, dès cette époque, à chasser les Musulmans de toute l'Espagne : mais ces princes, toujours divisés, avaient à peine gagné quelques villes, qu'ils se les disputaient entre eux. Le nouveau royaume de Portugal, conquis par la valeur d'Alphonse, fut bientôt en guerre avec celui de Léon. (J.-C. 1178 et suiv.) L'Aragon et la Castille, après des querelles sanglantes, se liguèrent contre la Navarre. Sanche VIII, roi de ce petit État, fut forcé d'aller en Afrique implorer le secours des Almohades, qui, récemment établis sur le trône de Maroc, avaient encore à dissiper les restes du parti des Almoravides, et ne pouvaient, malgré leur envie, faire valoir leurs droits sur l'Espagne. Cependant deux rois almohades, nommés tous deux Jacob, passèrent plusieurs fois la mer avec de fortes armées. (J.-C. 1184. Hég. 580.) L'un, battu par les Portugais, ne survécut pas à sa défaite ; l'autre, vainqueur des Castillans, accepta bientôt une trêve, et se hâta de retourner à Maroc, où de nouveaux troubles le rappelaient (J.-C. 1195. Hég. 591.) Ces inutiles victoires, ces efforts mal soutenus, n'accablaient ni les Musulmans ni les Chrétiens : des deux côtés, les vaincus rentraient bientôt en campagne, les traités étaient oubliés; et les monarques de Maroc, quoique regardés comme souverains de l'Andalousie, n'avaient pourtant dans ce pays qu'une autorité précaire, toujours contestée dès que le besoin forçait les Maures andalous de recourir à leur protection.

Les Africains viennent attaquer l'Espagne.

Enfin Mahomet *el Nazir*, le quatrième prince de la dynastie des Almohades, que les Espagnols appellent *le Vert*, de la couleur de son turban, se voyant possesseur paisible de l'empire des Maures en Afrique, résout de rassembler toutes ses forces, de les porter en Espagne, et d'y renouveler l'ancienne conquête de Tarik et de Moussa. (J.-C. 1211. Hég. 608.) La guerre sainte est proclamée : une foule innombrable de guerriers rendus sous les enseignes de Mahomet, part avec lui des rives d'Afrique, arrive en Andalousie. Là, leur nombre est presque doublé par les Maures espagnols, que la haine du nom chrétien, le souvenir de tant d'injures, font accourir auprès de leurs frères. Mahomet, plein de confiance, leur annonce une victoire sûre, leur promet de les rendre maîtres de tous les pays qu'ils possédaient jadis; et, brûlant d'en venir aux mains, il s'avance vers la Castille à la tête de cette formidable armée, qui, au rapport des historiens, passait six cent mille soldats.

Le roi de Castille, Alphonse-le-Noble, averti des préparatifs de l'empereur de Maroc, avait imploré les secours des princes chrétiens de l'Europe. Le pape Innocent III publia la croisade, prodigua les indulgences; et Rodrigue, archevêque de Tolède, qui lui-même avait fait le voyage de Rome pour solliciter le souverain pontife, en repassant par la France, prêcha les peuples sur sa route, et engagea plusieurs chevaliers à venir combattre les Musulmans. Le rendez-vous général fut à Tolède, où l'on vit arriver bientôt plus de soixante mille croisés d'Italie, et surtout de France, qui se joignirent aux Castillans. (J.-C. 1212. Hég. 609.) Le roi d'Aragon, Pierre II, le même qui périt depuis dans la guerre des Albigeois, amena sa vaillante armée. Sanche VIII, roi de Navarre, ne tarda pas à paraître avec ses braves Navarrois. Les Portugais, qui venaient de perdre leur prince, envoyèrent leurs meilleurs guerriers. Toute l'Espagne enfin prit les armes : il s'agissait de sa destinée; jamais, depuis le roi Rodrigue, les Chrétiens ne s'étaient trouvés dans un aussi pressant danger.

Bataille de Toloza.

Ce fut au pied des montagnes appelées *la Sierra Morena*, dans un lieu nommé *las navas de Toloza*, que les trois princes espagnols se rencontrèrent avec les Maures. Mahomet s'était rendu maître des gorges par où les Chrétiens devaient passer. Son dessein était, ou de les forcer de retourner en arrière, ce qui les exposait à manquer de vivres, ou de les écraser dans ce passage, s'ils avaient l'audace de s'y présenter. Les rois, embarrassés, tinrent conseil. Alphonse voulait combattre; Pierre et Sanche étaient d'avis de se retirer. Un berger vint leur indiquer un défilé qu'il connaissait. Ce fut le salut de l'armée. Ce berger guida les rois; et, par des sentiers difficiles, à travers les rocs, les torrens, les Espagnols gravirent enfin jusqu'à la cime des monts. Là, se montrant tout à coup aux yeux des Maures étonnés, ils se préparèrent pendant deux jours au combat par la prière, par la confession et la communion. Les rois leur donnèrent l'exemple de cette ferveur. Les prélats, les ecclésiastiques, qui étaient en grand nombre dans le camp, après avoir absous ces pieux guerriers, se disposèrent à les suivre au plus fort de la mêlée.

Le troisième jour, 16 juillet de l'année 1212, l'armée se mit en bataille, divisée en trois corps de troupes, commandés chacun par un roi. Alphonse et ses Castillans étaient au centre avec les chevaliers de Saint-Jacques et de Calatrava, ordres nouvellement institués. Rodrigue, archevêque de Tolède, témoin oculaire et historien de cette grande journée, était à côté du roi, précédé d'une grande croix, principale enseigne de l'armée. Sanche et ses Navarrois formaient la droite. Pierre et ses Aragonais tenaient la gauche. Les croisés français, réduits à un petit nombre par la désertion de leurs compagnons, qui n'avaient pu soutenir la brûlante chaleur du climat, marchaient à la tête des troupes sous la conduite d'Arnauld, archevêque de Narbonne, et de Thibaut Blazon, seigneur poitevin. Ainsi rangés, les Chrétiens descendirent vers le vallon qui les séparait de leurs ennemis.

Les Maures, sans aucun ordre, suivant leur antique usage, déployèrent de toutes parts leurs innombrables soldats. Cent mille hommes d'une excellente cavalerie faisaient leur principale force : le reste était un ramas de fantassins mal armés et peu aguerris. Mahomet, placé sur une colline d'où il dominait toute son armée, s'était environné d'une palissade formée par des chaînes de fer, et gardée par l'élite de ses cavaliers, à pied. Debout, au milieu de cette enceinte, l'Alcoran d'une main, le sabre de l'autre, il était en spectacle à toutes ses troupes, et ses plus braves escadrons pressaient la colline des quatre côtés.

Les Castillans dirigèrent leurs premiers efforts vers cette hauteur. Ils enfoncèrent d'abord les Maures; mais, repoussés à leur tour, ils reculaient en désordre, et commençaient à tourner le dos. Alphonse, courant çà et là pour les rallier, disait à l'archevêque de Tolède, qui l'accompagnait partout, précédé de sa grande croix : *Archevêque, c'est ici qu'il faut mourir.* — *Non, sire,* répondait le prélat, *c'est ici qu'il faut vivre et vaincre.* Dans ce moment, le brave chanoine qui portait la croix se jette avec elle au milieu des Musulmans : l'archevêque et le roi le suivent ; les Castillans se précipitent pour sauver leur prince et leur étendard. Les rois d'Aragon et de Navarre, déjà vainqueurs à leurs ailes, viennent se réunir contre la colline. Les Maures sont partout attaqués : ils résistent ; les Chrétiens les pressent. L'Aragonais, le Navarrois, le Castillan, veulent s'effacer mutuellement. Le brave roi de Navarre se fait jour, arrive à l'enceinte, frappe et brise les chaînes de fer dont le roi maure était entouré (5). Mahomet alors prend la fuite. Ses guerriers, ne le voyant plus, perdent le courage et l'espoir. Tout plie, tout fuit devant les Chrétiens ; des milliers de Musulmans tombent sous leurs coups ; et l'archevêque de Tolède, avec les autres prélats, environnant les rois vainqueurs, chante le *Te Deum* sur le champ de bataille [1].

Tactique des Maures.

Ainsi fut gagnée la fameuse bataille de Toloza, sur laquelle je suis entré dans quelques détails, à cause de son importance, et pour faire juger de la tactique des Maures, qui n'en connaissaient pas d'autre que de se mêler avec l'ennemi, d'y combattre chacun pour son compte, jusqu'à ce que les plus forts ou les plus braves restassent maîtres du terrain. Les Espagnols n'en savaient guère davantage, mais leur infanterie, du moins, pouvait attaquer et résister en masse, tandis que celle des Musulmans n'était presque comptée pour rien. Leurs cavaliers, au contraire, choisis dans les principales familles, montés sur des chevaux excellens, exercés dès l'enfance à les manier, s'élançaient plus vite que l'éclair, frappaient avec le sabre ou la lance, fuyaient avec la même vitesse, et, se retournant tout à coup, ramenaient souvent la victoire. Les Chrétiens, couverts de fer, avaient de l'avantage sur ces

---

[1]. Roderici Toletani *de Rebus Hispaniæ*, lib. VIII, cap. 9, et 10 ; Mariana, *Hist. de Esp.* lib. XII, cap. 24 ; Garibai, *del Compend.* lib. XII, cap. 33 ; Cardonne, *Hist. d'Afrique*, livre IV ; Ferreras, *Hist. d'Esp.* part. VI, page 35, etc.

cavaliers, qui garantissaient seulement leur poitrine par un plastron, et leur tête par une plaque d'acier. Les fantassins étaient presque nus, armés d'une mauvaise pique. On juge aisément que, dans des mêlées, surtout dans une déroute, il en devait périr un grand nombre, ce qui rend moins invraisemblables les exagérations des historiens. Ils assurent, par exemple, qu'à Toloza les Chrétiens tuèrent deux cent mille Maures, et ne perdirent que cent quinze guerriers. En réduisant à leur valeur ces assertions, il demeure certain que les Musulmans firent une perte immense, et que cette importante journée, qu'on célèbre encore tous les ans à Tolède par une fête solennelle, ôta pour long-temps aux rois de Maroc l'espoir de soumettre les Espagnols.

Mahomet retourne en Afrique.

La victoire de Toloza eut des suites plus funestes pour le malheureux Mahomet que pour les Maures d'Andalousie. Ceux-ci, retirés dans leurs villes, fortifiés par les débris de l'armée des Africains, résistèrent aux rois espagnols, qui ne leur prirent que peu de places et ne tardèrent pas à se séparer. Mahomet, méprisé de ses sujets depuis sa défaite, trahi par ses plus proches parens, perdit tout pouvoir en Espagne, et vit les principaux des Maures former de nouveau de petits Etats qu'ils déclarèrent indépendans. L'infortuné roi de Maroc, forcé de retourner en Afrique, y mourut bientôt de chagrin. (J.-C. 1218. Hég. 610.) Avec lui périt la fortune des Almohades. Les princes de cette maison, qui succédèrent rapidement à Mahomet, vécurent au milieu des troubles, et furent enfin précipités du trône. L'empire de Maroc se divisa : trois dynasties nouvelles s'établirent à Fez, à Tunis, à Tremecen; et ces trois puissances rivales multiplièrent les combats, les crimes, les atrocités, qui seuls composent l'histoire d'Afrique.

Pays possédés par les Maures.

Pendant ce temps, quelques dissensions élevées en Castille, et la part que prit l'Aragon à la guerre des Albigeois en France, laissèrent respirer les Maures. Ils étaient encore les maîtres des royaumes de Valence, de Murcie, de Grenade, d'Andalousie, d'une partie des Algarves et des îles Baléares, jusqu'à ce moment peu connues des Chrétiens du continent. Ces Etats étaient divisés entre plusieurs souverains. Le principal était Benhoud, prince habile et grand capitaine, issu des anciens monarques de Saragosse, et dont les talens, la valeur, avaient soumis à sa puissance presque tout le midi oriental de l'Espagne. Après lui, les plus redoutables étaient les rois de Séville et de Valence. Le barbare qui régnait à Majorque n'était qu'un chef de pirates, incommode aux seuls Catalans.

Saint Ferdinand et Jacques I.

Tel était l'état de l'Espagne maure, lorsque deux jeunes héros, parvenus à peu près en même temps aux deux premières couronnes des Chrétiens, après avoir pacifié les troubles élevés pendant leur minorité, tournèrent toutes leurs forces contre les Musulmans (J.-C. 1224. Hég. 621.), et, toujours émules de gloire sans être jamais rivaux d'intérêt, consacrèrent leur vie à combattre, à vaincre, à chasser ces éternels ennemis. L'un de ces princes est Jacques Ier, roi d'Aragon, fils de Pierre, tué à Muret, et qui réunissait au courage, à la grace, à l'activité de son père, plus de talens et plus de bonheur : l'autre était Ferdinand III, roi de Castille et de Léon, monarque sage, vaillant, habile, que l'Église a mis au nombre des saints, que l'histoire compte au rang des grands hommes.

Ferdinand porta le premier ses armes en Andalousie. Ce roi, neveu de Blanche de Castille, reine de France, cousin germain de saint Louis (6), et si ressemblant au héros français par sa piété, par sa valeur, par les bonnes lois qu'il fit pour son peuple, entra sur les terres des Musulmans, reçut l'hommage de plusieurs de leurs princes, qui vinrent se reconnaître ses vassaux, et s'empara d'un grand nombre de places, entre autres de celle d'Alhambra, dont les habitans effrayés se retirèrent à Grenade, et se fixèrent dans un quartier de cette ville, qui prit le nom, célèbre depuis, de leur ancienne patrie.

Conquête des îles Baléares.

D'un autre côté, Jacques d'Aragon s'embarquait avec une armée, pour aller conquérir les îles Baléares. Contrarié par les vents, il n'aborde pas moins à Majorque; il défait les Maures sur le rivage, marche vers leur capitale, l'assiège; et montant le premier à l'assaut, ce roi chevalier, qui dans les périls précéda toujours ses plus braves chefs, ses plus téméraires soldats, s'empare de cette forte place, en chasse le roi musulman, et soumet à jamais à l'Aragon cette nouvelle couronne. (J.-C. 1226. Hég. 627.)

Les Aragonais attaquent Valence.

Jacques méditait dès long-temps une conquête plus importante. Valence, après la mort du Cid, était retombée au pouvoir des Maures. Ce royaume, si beau, si fertile, où la nature semble se plaire à couvrir de fruits et de fleurs une terre que les hommes ont arrosée de sang, appartenait alors à

Zeith, frère de Mahomet l'Almohade, vaincu par les Chrétiens à Toloza. Une puissante faction, ennemie de ce Zeith, voulut placer sur le trône un prince nommé Zéan. Les deux compétiteurs se firent la guerre. Jacques prit le parti du plus faible. Sous prétexte de marcher au secours de Zeith, le roi d'Aragon pénétra dans le royaume de Valence, battit plusieurs fois Zéan, s'empara de ses places fortes; et, profitant de ses avantages avec cette active intrépidité qui rendait Jacques si redoutable, il resserra de toutes parts la capitale de son ennemi. (J.-C. 1234. Hég. 632.)

Siège de Cordoue.

Zéan, pressé par l'Aragonais, implora le secours de Benhoud, le plus puissant des rois de l'Andalousie. Mais Benhoud était occupé de résister à Ferdinand : les Castillans, sous la conduite de ce vaillant prince, avaient fait de nouveaux progrès, s'étaient rendus maîtres d'un grand nombre de villes, et venaient enfin de mettre le siège devant l'antique Cordoue. Benhoud souvent battu, mais toujours craint, toujours adoré d'un peuple qui le regardait comme son dernier appui, Benhoud avait refait une armée; et, pressé par un désir égal de secourir Cordoue et Valence, il allait marcher contre l'Aragonais, qu'il croyait le plus facile à vaincre, lorsqu'un de ses lieutenans le fit périr en trahison, et délivra les rois espagnols du seul homme capable de les arrêter.

Prise de Cordoue.

La mort de Benhoud ôta le courage et l'espoir aux habitans de Cordoue, qui jusque-là s'étaient défendus avec autant de constance que de valeur (J.-C. 1236. Hég. 634.) : ils demandèrent à capituler. Les Chrétiens usèrent durement de la victoire, ne laissèrent que la vie aux malheureux Musulmans avec la liberté de fuir. Une innombrable quantité de familles dépouillées de leurs biens sortit en pleurant de cette superbe ville, qui depuis cinq cent vingt-deux ans avait été le siège principal de leur grandeur, de leur magnificence, de leur religion et de leurs beaux-arts. Ces infortunés, en fuyant, tournaient leurs yeux avec désespoir vers ces édifices, ces temples, ces magnifiques jardins embellis par cinq siècles de dépenses et de travaux. Les soldats qu'ils y laissaient, loin d'en connaître le prix, aimaient mieux les détruire que les habiter; et Ferdinand, possesseur d'une cité déserte, fut obligé d'attirer par des privilèges, d'appeler de toutes parts des Espagnols, qui murmuraient d'abandonner les arides rochers de Léon pour venir s'établir dans le plus beau pays de la nature et dans les palais des califes. La grande mosquée d'Abdérame devint une cathédrale; Cordoue eut un évêque et des chanoines: mais Cordoue ne recouvra plus la moindre image de son ancienne splendeur.

Prise de Valence

Valence ne tarda pas à subir le joug. Zéan, assiégé par l'intrépide Jacques, avait encore à combattre dans ses murs la faction de Zeith, qu'il avait détrôné. (J.-C. 1238. Hég. 636.) Le roi de Tunis tenta vainement d'envoyer une flotte au secours de Valence : cette flotte prit la fuite à la vue des vaisseaux de Jacques. Abandonné de toute la terre, découragé par le sort de Cordoue, trahi par le parti de son compétiteur, Zéan fit proposer à l'Aragonais de devenir son vassal en lui payant un tribut. L'Aragonais fut inflexible : il fallut lui livrer Valence. Cinquante mille Musulmans sortirent avec leur roi; ils emportèrent leurs trésors. Jacques, fidèle à sa parole, les protégea contre l'avidité de ses guerriers, qui regrettaient ce riche butin.

Après la chute des deux puissans royaumes d'Andalousie et de Valence, rien ne paraissait plus devoir arrêter les Espagnols. Séville, qui seule restait encore, était déjà menacée par le victorieux Ferdinand; mais, à cette même époque, il s'éleva tout à coup un Etat nouveau qui retarda la ruine des Maures, et qui s'acquit pendant deux cents ans une grande célébrité.

FIN DE LA TROISIÈME ÉPOQUE.

QUATRIÈME ÉPOQUE.

LES ROIS DE GRENADE,

Depuis le milieu du treizième siècle jusqu'à l'expulsion totale des Maures dans le dix-septième.

Les victoires des Espagnols, surtout la prise de Cordoue, avaient consterné les Maures. Ce peuple ardent et superstitieux, aussi facile à se décourager qu'à s'enivrer d'espérances vaines, regardait son empire comme détruit, depuis que la croix triomphante couronnait le faîte de la grande mosquée. Cependant Séville, Grenade, Murcie; le royaume des Algarves, étaient encore aux Musulmans; ils possédaient tous les ports, tous les rivages du midi de l'Espagne; leur étonnante population, leurs richesses, leur industrie, leur assuraient d'immenses ressources : mais Cordoue, la ville sainte, la rivale de la Mecque dans l'Occident, Cordoue était au pouvoir des Chrétiens; les Maures se croyaient sans Etats.

Mahomet Albamar devient leur chef.

Un seul homme leur rendit l'espoir. Cet homme était Mahomet Abousaïd, de la tribu des *Alhamars*, originaire de Couffa, ville célèbre sur la mer Rouge. Plusieurs historiens, qui lui donnent le nom de Mahomet Alhamar, assurent qu'il avait commencé par être un simple berger; qu'ensuite ayant porté les armes, il parvint jusqu'au trône par ses exploits. Ce fait ne serait point extraordinaire chez les Arabes, où tous ceux qui ne descendaient pas de la famille du prophète ou de la race royale, n'avaient aucun privilège de naissance, et n'étaient estimés que ce qu'ils valaient.

Il fonde le royaume de Grenade.

Quoi qu'il en soit, Mahomet Alhamar, né avec un grand courage, ranima celui des Maures vaincus, rassembla quelques troupes dans la ville d'Arjone; et connaissant le caractère de la nation qu'il voulait gouverner, il mit dans ses intérêts un *santon*, espèce de religieux fort vénéré chez les Maures, qui vint lui prédire publiquement qu'il ne tarderait pas à être roi. Le peuple aussitôt le proclame; plusieurs cités suivent cet exemple. Mahomet succède à Bénhoud, dont il possédait les talens; et sentant de quelle importance il était de rendre aux Arabes une ville qui remplaçât Cordoue, qui devint le centre de leurs forces, le dernier asile de leur religion, il fonde un nouveau royaume, et choisit Grenade pour sa capitale. (J.-C. 1236. Hég. 634.)

Cette cité, de tout temps puissante, et que l'on croit avoir été l'ancienne *Illiberis* des Romains, est bâtie sur deux collines, peu loin de la *Sierra nevada*, chaîne de montagnes couvertes de neige. Elle est traversée par le Darro; le Xénil baigne ses murailles. Sur les sommets de ces deux collines s'élèvent deux forteresses, l'*Albayzin* et l'*Alhambra*. Elles étaient assez vastes pour renfermer chacune quarante mille hommes. Les fugitifs de la ville d'Alhambra, ainsi que nous l'avons dit, avaient donné le nom de leur patrie au nouveau quartier qu'ils vinrent peupler. Les Maures, chassés de Baeça lorsque Ferdinand III s'en rendit maître, étaient de même venus s'établir dans le quartier de l'Albayzin. Grenade avait recueilli plusieurs exilés de Valence, de Cordoue, des autres places désertées par les Musulmans. Ainsi, chaque jour agrandie, elle formait dès lors une ville de plus de trois lieues de circuit; et des remparts inexpugnables, défendus par mille trente tours, par un peuple brave, nombreux, semblaient assurer son indépendance [1].

---

[1] Garibai, *Compend. Hist.* lib. XXXIX, cap. 3; Duperron, *Voyage d'Espagne*, tome I, page 157 et suiv. Henri

D'autres avantages donnaient à Grenade la suprématie qu'elle prétendait. Sa situation, la plus belle, la plus riante de l'univers, la rend maîtresse d'un pays où la nature prodigue ses dons. Sa fameuse *vega*, c'est-à-dire la plaine qui l'environne, est un bassin de trente lieues de tour sur huit à peu près de largeur : il est terminé vers le nord par les montagnes d'Elvire et la *Sierra nevada;* il est fermé des autres côtés par un amphithéâtre de collines plantées d'oliviers, de mûriers, de vignes, de citronniers. L'intérieur de cette plaine est arrosé par cinq petits fleuves [1] et par une infinité de sources qui vont serpenter dans des prés toujours verts, des forêts de chênes, des bois d'orangers, des campagnes de blé, de lin, des vergers de cannes à sucre. Toutes ces productions si riches, si belles, si variées, ne demandent que peu de culture : la terre, dans une continuelle végétation, n'y connaît point le repos de l'hiver; et pendant les étés brûlans, des vents qui soufflent du côté des montagnes rafraîchissent l'air qu'on respire, et raniment l'éclat des fleurs qui viennent sans cesse à côté des fruits.

C'est dans cette plaine célèbre, qu'aucune description ne peut embellir; c'est dans cette campagne

---

Swinburne, *Lettres sur l'Espagne,* lettre XX; Colmenar, *Délices d'Espagne,* tome V, page 31 et suiv.

1. Le Darro, le Xénil, le Dilar, le Vagro, le Monachil.

enchantée, où la nature semble s'épuiser pour donner à l'homme tout ce qu'il peut souhaiter; c'est là qu'il s'est répandu plus de sang que dans aucun autre lieu du monde. Là, pendant deux siècles d'une guerre interminable qui se faisait de peuple à peuple, de ville à ville, d'homme à homme, on peut assurer qu'il n'est pas un seul coin de terre où les moissons n'aient été brûlées, les arbres coupés, les villages réduits en cendres, et les champs couverts de Maures et de Chrétiens égorgés.

Étendue et richesses du royaume de Grenade.

Indépendamment de cette *vega*, trésor inépuisable pour Grenade, quatorze grandes cités, plus de cent petites villes [1], un nombre prodigieux de bourgs, dépendaient de ce beau royaume. Son étendue depuis Gibraltar, qui ne fut pris par les Chrétiens que long-temps après, jusqu'à la ville de Lorca, était de plus de quatre-vingts lieues. Il en avait trente de largeur depuis Cambil jusqu'à la mer. Les montagnes dont il était entrecoupé, produisaient de l'or, de l'argent, des grenats, des améthystes, toutes les espèces de marbre. Parmi ces montagnes, celles qu'on appelle les Alpuxares formaient seules une province, et fournissaient aux

---

[1]. Elles sont nommées dans Garibai, liv. XXXIX, chap. 2.

rois de Grenade des trésors plus précieux que les mines, des hommes actifs, laborieux, d'habiles cultivateurs, des soldats infatigables. Enfin les ports d'Almérie, de Malaga, d'Algésiras, appelaient les vaisseaux d'Europe et d'Afrique, et devenaient l'entrepôt du commerce des deux mers.

Règne de Mahomet I Alhamar.

Tel était, dès sa naissance, le royaume de Grenade ; tel il subsista long-temps. Mahomet Alhamar, son fondateur, fit d'inutiles efforts pour retenir sous un même sceptre tout ce qui restait encore aux Musulmans en Espagne : c'était le seul moyen de résister aux Chrétiens : mais le petit pays de Murcie, celui des Algarves, gouvernés par des princes particuliers, et la grande cité de Séville, refusèrent de reconnaître Alhamar, pour continuer à former des Etats indépendans. Ce fut la cause de leur perte : ils devinrent la proie des Espagnols.

Il devient vassal du roi de Castille.

Alhamar signala par des victoires les commencemens de son règne ; il remporta quelques avantages sur les troupes de Ferdinand (J.-C. 1242. Hég. 640.) : mais des révoltes à Grenade, des troubles élevés de toutes parts dans un empire si nouveau, forcèrent Mahomet de signer une paix peu honorable avec le roi de Castille. Il lui fit hommage de sa couronne, remit dans ses mains la forte place de Jaën, s'engagea de lui payer un tribut, et de lui fournir des troupes auxiliaires dans les guerres qu'il entreprendrait. A ces conditions, Ferdinand le reconnut roi de Grenade, et l'aida même à soumettre les rebelles de ses Etats.

Ferdinand III assiège Séville.

L'habile Ferdinand ne laissait en paix Grenade que pour tourner tout l'effort de ses armes contre Séville, qu'il désirait depuis long-temps de conquérir. Cette importante ville n'avait plus de rois; elle formait une espèce de république gouvernée par des magistrats guerriers. Sa position près de l'embouchure du Guadalquivir, son commerce, sa population, les délices de son climat, la fertilité de ses campagnes, la rendaient une des plus florissantes cités de l'Espagne. Ferdinand, qui prévoyait une longue résistance, commença par s'emparer de toutes les places qui l'environnaient. Ensuite il vint mettre le siège devant Séville, et sa flotte, placée à l'embouchure du fleuve, ferma le chemin aux secours que pouvait envoyer l'Afrique.

Prise de Séville.

Le siège fut long et meurtrier. Les Sévillans

étaient nombreux et aguerris. Le roi des Algarves, leur allié, harcelait sans cesse les assiégeans. Malgré la valeur extrême que montraient les Espagnols dans les assauts, malgré la famine qui commençait à se faire sentir, la ville, après un an de siège, refusait encore de se rendre, lorsque Ferdinand fit sommer le roi de Grenade de venir, selon leur traité, combattre sous ses drapeaux. Alhamar fut forcé d'obéir : il arriva suivi d'une brillante armée. Séville perdit tout espoir, elle se rendit au roi de Castille (J.-C. 1248. Hég. 646.); et le monarque grenadin s'en retourna dans ses Etats avec la gloire humiliante d'avoir contribué par ses exploits à la perte de ses frères.

Ferdinand, plus pieux que politique, chassa les Maures de Séville. Cent mille infortunés en sortirent pour aller se réfugier en Afrique ou dans les Etats de Grenade. Ce royaume devenait alors l'unique et dernier asile des Musulmans espagnols. Le petit pays des Algarves reçut bientôt le joug des Portugais; et Murcie, qui n'aurait pas dû se séparer de Grenade, ne tarda pas à devenir la conquête des Castillans.

Revenu des rois de Grenade.

Tant que Ferdinand III vécut, rien n'altéra la bonne intelligence qui régnait entre ce monarque et Mahomet Alhamar. Celui-ci mit à profit ce temps de paix pour affermir sa couronne, pour se prémunir contre les Chrétiens, qu'il prévoyait ne pouvoir rester ses amis. Il se trouvait en état de faire une longue défense : maître d'un pays d'une grande étendue, il possédait des revenus considérables, qu'il serait difficile d'apprécier, attendu la valeur peu connue des monnaies arabes et les différentes sources où puisait le trésor public. Toutes les terres, par exemple, payaient au souverain le septième de leurs productions en tout genre, les troupeaux étaient soumis à la même imposition. Des fermes nombreuses et magnifiques formaient le domaine royal; et l'agriculture, poussée au dernier degré de perfection dans un pays si abondant, devait porter cette espèce de revenus à une somme prodigieuse. Ces richesses étaient augmentées par plusieurs droits que prélevait le souverain sur la vente, sur la marque, sur le passage de toute espèce de bétail. Une loi rendait le monarque héritier de tout Musulman mort sans enfans, et lui donnait une part dans les autres héritages. Il possédait, comme on l'a vu, des mines d'or, d'argent, de pierres précieuses; et quoique les Maures fussent peu habiles dans l'art d'exploiter les mines, Grenade était cependant le pays de l'Europe où l'or et l'argent étaient le plus communs. Le commerce de ses belles soies, la variété de ses autres productions, le voisinage des deux mers, l'activité, l'industrie, l'étonnante population des Maures, leur profonde science dans l'agriculture, la sobriété naturelle aux habitans de l'Espagne, cette propriété des pays chauds qui fait donner beaucoup à la terre et fait vivre de peu son possesseur : tant d'avantages réunis doivent nous donner une grande idée des ressources et de la puissance de cette singulière nation [1].

Forces militaires.

Leurs forces, je ne dirai pas en temps de paix, car presque jamais ils ne furent en paix, étaient à peu près de cent mille hommes. Cette armée, dans un besoin, pouvait aisément se doubler. La seule ville de Grenade fournissait cinquante mille guerriers. D'ailleurs tout Maure était soldat pour combattre les Espagnols. La différence des cultes rendait ces guerres sacrées; et la haine des deux nations, presque également superstitieuses, armait toujours des deux côtés jusqu'aux enfans et aux vieillards.

Cavalerie des Maures.

Indépendamment de ces troupes nombreuses,

---

[1] Garibai, *Compend. Hist.* lib. XXXIX, cap. 4; Abi Abdalla-ben-Alkahilbi Absaneni, etc. *Manuscrit de l'Escurial;* Swinburne, *Lettres sur l'Espagne,* lettre XXII.

braves, mais mal disciplinées, qui se rassemblaient pour une campagne, s'en retournaient ensuite dans leurs foyers, et ne coûtaient rien à l'Etat, le monarque entretenait un corps considérable de cavaliers, dispersés sur les frontières, surtout du côté de la Murcie et de Jaën, pays sans cesse exposés aux incursions des Espagnols. Chacun de ces cavaliers avait une petite habitation, un petit champ, que le roi lui donnait pendant sa vie, et qui suffisait à son entretien, à celui de sa famille et de son cheval. Cette manière de stipendier les soldats n'était point à charge au trésor public: elle les attachait davantage à leur patrie, et les intéressait surtout à bien défendre leur patrimoine, toujours le premier ravagé s'ils n'arrêtaient pas l'ennemi. Dans un temps où l'art de la guerre n'exigeait pas, comme de nos jours, d'exercer continuellement de grandes troupes rassemblées, cette cavalerie était excellente. Montée sur des chevaux andalous ou africains, dont le mérite est assez connu, composée de cavaliers accoutumés dès l'enfance à manier ces légers coursiers, à les soigner, à les chérir, à les regarder comme les compagnons de leur vie, elle avait acquis dès-lors cette supériorité que nous reconnaissons encore à la cavalerie maure.

Ces redoutables escadrons, dont rien n'égalait la vélocité, qui dans le même instant chargeaient en masse, se rompaient par troupes, s'éparpillaient, se ralliaient, fuyaient, revenaient en ligne; ces cavaliers, dont la voix, dont le moindre geste, dont la pensée, pour ainsi dire, était entendue de leurs admirables coursiers, et qui ramassaient au galop leur lance ou leur sabre tombés à terre, faisaient la principale force des Maures. Leur infanterie ne valait rien; et leurs places, mal fortifiées, entourées seulement de murailles et de fossés, défendues par cette infanterie peu estimée, ne pouvaient résister long-temps à celle des Espagnols, qui commençait dès-lors à devenir ce qu'elle fut depuis en Italie sous Gonzalve le grand capitaine.

Des Maures.

Après la mort de saint Ferdinand, Alphonse-le-Sage (1), son fils, monta sur le trône. (J.-C. 1252. Hég. 650.) Le premier soin d'Alhamar fut d'aller lui-même à Tolède, suivi d'une brillante cour, renouveler avec Alphonse le traité d'alliance, ou plutôt de dépendance, qui l'unissait à Ferdinand. Le nouveau roi remit au Maure une partie du tribut auquel il s'était soumis. Mais cette paix ne fut pas de longue durée : les deux nations recommencèrent la guerre avec des avantages à peu près égaux. Je n'en rapporterai qu'une action qui fait autant d'honneur à l'humanité des Maures qu'au courage des Espa-

Gonzalve T. Ier P. 107.

gnols : c'est celle de Garcias Gomès, gouverneur de la ville de Xérès. Assiégé par les Grenadins, sa garnison presque détruite, il refusait de se rendre; et debout sur le rempart, couvert de sang, hérissé de flèches, il soutenait seul le choc des assaillans. Les Maures, d'un commun accord, convinrent de ne pas tuer ce héros : ils lui jetèrent des crochets de fer, l'enlevèrent vivant malgré lui, le traitèrent avec respect, firent guérir ses blessures, et le renvoyèrent avec des présens.

Divisions en Castille.

Alhamar ne put empêcher Alphonse de s'emparer du royaume de Murcie; et, pour obtenir la paix, il fut forcé de nouveau de se soumettre au tribut. (J.-C. 1266. Hég. 665.) Les divisions qui s'élevèrent bientôt entre le monarque castillan et quelques grands de son royaume donnèrent au Grenadin l'espoir de réparer ses pertes. Le frère d'Alphonse et plusieurs seigneurs des premières maisons de Castille [1], mécontens de leur souverain, se retirèrent à Grenade, et servirent utilement Alhamar contre deux rebelles de ses Etats protégés par les Espagnols. Mais Alhamar mourut alors, laissant le trône qu'il avait

---

1. Les Lara, les Haro, les Mendoze, etc.

acquis et conservé par ses talens, à son fils Mahomet II el Fakih. (J.-C. 1273. Hég. 672.)

Règne de Mahomet II el Fakih.

Ce nouveau roi, qui prit le titre d'*Emir al Mumenim*, marcha sur les traces de son père. Il profita de la discorde qui régnait à la cour de Castille, et des inutiles voyages qu'entreprit Alphonse-le-Sage dans l'espoir de se faire élire empereur (2). Mahomet, pendant son absence, fit une ligue offensive avec le roi de Maroc, Jacob, de la race des *Merinis*, vainqueurs et successeurs des Almohades. Il lui céda les deux fortes places de Tariffe et d'Algésiras, pour l'engager à passer en Espagne. Jacob vint en effet, suivi d'une armée. Les deux Maures, agissant de concert, remportèrent quelques avantages (J.-C. 1275. Hég. 674.); mais la criminelle révolte de l'infant de Castille Sanche contre son père Alphonse-le-Sage désunit bientôt les monarques musulmans. Le roi de Grenade Mahomet prit le parti du fils rebelle. Alphonse, abandonné de ses sujets, implora le secours du roi de Maroc. Jacob repassa la mer avec ses troupes, il vit Alphonse à Zara. Dans cette célèbre entrevue, l'infortuné Castillan voulut céder la place d'honneur à celui qui venait le défendre. Elle vous appartient, lui dit Jacob, tant que vous serez malheureux. Je viens venger la cause des pères;

je viens vous aider à punir un ingrat qui reçut de vous la vie et veut vous ôter la couronne. Quand j'aurai rempli ce devoir, quand vous serez heureux et puissant, je vous disputerai tout, et redeviendrai votre ennemi.

Alphonse ne fut pas assez grand pour se fier au monarque qui lui tenait ce noble langage; il s'échappa de son camp. Bientôt après il mourut (J.-C. 1284. Hég. 683.), en déshéritant le coupable Sanche, qui n'en régna pas moins après lui (3). De nouveaux troubles agitèrent la Castille, et Mahomet saisit cet instant pour entrer dans l'Andalousie. Il gagna des batailles, s'empara de quelques places, et termina par des victoires un règne long et glorieux. Son fils Mahomet III lui succéda. (J.-C. 1302. Hég. 703.)

Beaux-arts à Grenade.

Ce Mahomet *Emir al Mumenim*, dont je viens de rapporter les principales actions politiques, fut un prince ami des beaux-arts : il les attirait à sa cour, que les poètes, les philosophes, les astronomes rendirent célèbre. Les Maures étaient encore si supérieurs aux Espagnols pour les sciences, qu'Alphonse-le-Sage, roi de Castille, dont nous avons des tables astronomiques, nommées *les tables alphonsines*, appela près de lui des savans arabes pour l'aider à les rédiger. Grenade commençait à remplacer Cordoue.

L'architecture surtout y faisait de grands progrès. Ce fut sous le règne de Mahomet II que l'on commença ce fameux palais de l'Alhambra, qui subsiste encore en grande partie, étonne les voyageurs que son nom seul attire à Grenade, et nous prouve jusqu'à quel point les Maures avaient su porter cet art, si peu connu des Européens, d'accorder toujours la magnificence avec les recherches de la volupté. On me pardonnera peut-être quelques détails sur ce singulier monument; ils feront connaître les mœurs, les usages particuliers des Maures.

Description de l'Alhambra.

L'Alhambra, comme je l'ai dit, était une vaste forteresse construite sur une des deux collines renfermées dans Grenade. La colline, embrassée de tous côtés par les eaux du Xénil et du Darro, était encore défendue par une double enceinte de murs. C'est au sommet de cette montagne, qui domine toute la ville, et d'où l'on découvre au loin la plus belle vue de l'univers; c'est au milieu d'une esplanade couverte d'arbres et de fontaines que Mahomet choisit la place de son palais.

Rien de ce que nous connaissons en architecture ne peut nous représenter celle des Maures. Ils entassaient les bâtimens sans ordre, sans symétrie, sans faire aucune attention à l'aspect qu'ils offraient au dehors : tous leurs soins étaient pour l'intérieur. Là, ils épuisaient les ressources du goût, de la magnificence, pour unir dans leurs appartemens les commodités du luxe aux charmes de la nature champêtre : là, dans des salons revêtus de marbre, pavés d'une faïence brillante, auprès de lits de repos couverts d'étoffes d'or et d'argent, des jets d'eau s'élançaient vers la voûte, des vases précieux exhalaient des parfums; et des myrtes, des orangers, des fleurs, embaumaient les appartemens.

Le beau palais de l'Alhambra, que l'on voit encore à Grenade, ne présente point de façade. On y parvient par une promenade charmante, coupée sans cesse par des ruisseaux qui serpentent dans des bouquets de bois. L'entrée est une grande tour carrée qui s'appelait autrefois *la porte du jugement*. Une inscription religieuse annonce que c'était là que le roi rendait la justice, selon l'antique usage des Hébreux et des peuples de l'Orient. Plusieurs bâtimens qui venaient ensuite ont été détruits pour élever à Charles-Quint un magnifique palais, dont la description n'est pas de mon sujet. On pénètre, du côté du nord, dans l'ancien palais des rois maures, et l'on se croit transporté dans le palais des féeries. La première cour est un carré long environné d'une galerie en arcades, dont les murs et le plafond sont couverts de mosaïque, de festons, d'arabesques peints, dorés, ciselés en stuc, d'un travail admirable. Tous les cartouches sont remplis de passages de l'Alcoran, ou d'inscriptions telles que celle-ci, qui suffira pour donner une idée du style figuré des Maures.

« O Nazar, tu naquis sur le trône, et, semblable
« à l'étoile qui nous annonce le jour, tu ne brilles que
« de ton propre éclat. Ton bras est notre rempart, ta
« justice notre lumière. Tu sais dompter par ta valeur
« ceux qui donnent à Dieu des compagnons. Tu rends
« heureux par ta bonté les nombreux enfans de ton
« peuple. Les astres du firmament t'éclairent avec
« respect, le soleil avec amour ; et le cèdre, roi des
« forêts, qui baisse devant toi sa tête orgueilleuse, est
« relevé par ta main puissante. »

Au milieu de cette cour, pavée de marbre blanc, est un long bassin rempli d'eau courante, assez profond pour qu'on puisse y nager. Il est bordé de chaque côté par des plates-bandes de fleurs et des allées d'orangers. Ce lieu s'appelait le *Mesuar*, et servait de bains communs aux personnes attachées au service du palais.

Cour des lions.

On passe de là dans la cour célèbre appelée *des lions*. Elle a cent pieds de long sur cinquante de large.

Une colonnade de marbre blanc soutient la galerie qui règne à l'entour. Les colonnes, placées deux à deux, et quelquefois trois à trois, sont minces, d'un goût bizarre; mais leur légèreté, leur grace, plaisent à l'œil étonné. Les murs, et surtout le plafond de la galerie tournante, sont revêtus d'or, d'azur et de stuc, travaillés en arabesque avec un soin, une délicatesse que nos plus habiles ouvriers modernes seraient embarrassés d'imiter. Au milieu des fleurons, des ornemens toujours variés, on lit ces passages de l'Alcoran, que tout bon Musulman doit répéter sans cesse: *Dieu est grand.* — *Dieu seul est vainqueur.* — *Il n'est de Dieu que Dieu.* — *Gaieté céleste, épanchemens du cœur, délices de l'ame, à ceux qui croient!* Aux deux extrémités du carré long, deux charmantes coupoles de quinze à seize pieds en tous sens s'avancent en saillie dans l'intérieur, soutenues comme tout le reste par des colonnes de marbre. Sous ces coupoles sont des jets d'eau. Enfin, dans le centre de l'édifice s'élève du milieu d'un vaste bassin une superbe coupe d'albâtre de six pieds de diamètre, portée par douze lions de marbre blanc. Cette coupe, que l'on croit avoir été faite sur le modèle de la mer de bronze du temple de Salomon, est encore surmontée d'une coupe plus petite, d'où s'élançait une grande gerbe qui, retombant d'une cuve dans l'autre, et des cuves dans le grand bassin, formait une cascade continuelle, grossie par les flots d'eau limpide que jetaient les mufles de chaque lion.

Cette fontaine, comme tout le reste, est ornée d'inscriptions, car les Arabes se plaisaient à mêler la poésie et la sculpture. Leurs idées nous semblent recherchées, leurs expressions gigantesques; mais nous sommes si loin de leurs mœurs, nous connaissons si peu le génie de leur langue, que nous n'avons peut-être pas le droit de les juger sévèrement. D'ailleurs, les vers que l'on faisait en Espagne et en France, dans le treizième et le quatorzième siècles, ne valaient guère mieux que ceux-ci, gravés sur la fontaine des lions :

Toi qui promènes tes regards
Sur ces lions, ces eaux, ces prodiges des arts,
Du grand roi Mahomet tu vois ici l'ouvrage.
La paix qui règne dans ces lieux
De la paix de son cœur est la fidèle image :
Semblable à ces lions dans les champs du carnage,
Il punit les audacieux;
Et, comme cette eau transparente
Qui, s'élevant dans l'air, retombe à gros bouillons,
De même sa main bienfaisante
Sur son peuple répand ses dons [1].

[1] TRADUCTION LITTÉRALE.

O toi qui examines ces lions, considère qu'il ne leur manque

Je ne décrirai point avec autant de détail les autres pièces qui subsistent encore dans l'Alhambra. Les unes servaient de salle d'audience ou de justice; les autres renfermaient les bains du roi, de la reine, de leurs enfans. On y voit encore leur chambre à coucher, où les lits, près d'une fontaine, étaient placés dans des alcôves, sur une estrade de faïence. Dans le salon de musique, quatre tribunes exhaussées étaient remplies par les musiciens, tandis que toute la cour était assise sur des tapis, au bord d'un bassin d'albâtre. Dans le cabinet où la reine faisait sa toilette ou ses prières; et dont la vue est enchantée, on trouve une dalle de marbre, percée d'une infinité d'ouvertures pour laisser exhaler les parfums qui brûlaient sans cesse sous la voûte. Partout les fenêtres, les portes, les jours, sont ménagés de manière que les aspects les plus rians, les effets de la lumière les plus doux, reposent toujours les yeux satisfaits; et les courans d'air qu'on a diri-

---

que la vie. O Mahomet, notre roi, que Dieu te sauve pour l'œuvre nouvelle que tu as faite pour m'embellir! Ton ame est ornée des vertus les plus aimables. Ce lieu charmant est l'image de tes belles qualités. Notre roi dans les combats est terrible comme ces lions. Rien ne peut être comparé à l'eau limpide qui jaillit de mon sein et s'élance à gros bouillons dans les airs, que la main libérale de Mahomet.

(Duperron, *Voyage d'Espagne,* tome I, page 195.)

gés viennent renouveler à chaque instant la délicieuse fraîcheur qu'on respire dans cet édifice.

Le Généralif.

En sortant de l'Alhambra, l'on distingue sur une montagne le fameux jardin du *Généralif*, dont le nom veut dire *la maison d'amour*. Dans ce jardin l'on voyait un palais où les rois de Grenade venaient passer le printemps. Il était bâti dans le même genre que l'Alhambra; la même magnificence s'y remarquait. Il est détruit aujourd'hui; mais ce qu'on ne peut se lasser d'admirer encore dans le Généralif, c'est sa situation pittoresque, ce sont ses points de vue variés et toujours charmans : les fontaines, les jets d'eau, les cascades, jaillissent, tombent de toutes parts. Les terrasses en amphithéâtre, pavées de débris de mosaïque, sont ombragées de cyprès immenses, de vieux myrtes, qui ont prêté leurs ombres aux rois, aux reines de Grenade. De leur temps, des bosquets fleuris, des forêts d'arbres fruitiers, s'eetremêlaient aux bocages sombres, aux dômes, aux pavillons. Aujourd'hui le Généralif n'a conservé que ce qu'on n'a pu lui ravir; et c'est encore le lieu de la terre qui parle le plus aux yeux et au cœur [1].

[1]. Colménar, *Délices d'Espagne*, tome V; Henri Swin-

Règne de Mahomet III et Hama, ou l'Aveugle.

Il est triste de quitter l'Alhambra, le Généralif, pour revenir aux ravages, aux incursions, aux sanglantes querelles des Maures et des Castillans. Mahomet III (J.-C. 1302. Hég. 703.), dit *l'Aveugle*, à cause de sa cécité, eut à combattre à la fois ses propres sujets et les Espagnols. Forcé par son infirmité de choisir un premier ministre, il donna cette importante place à Farady, l'époux de sa sœur, homme d'Etat, capitaine habile, qui continua sans désavantage la guerre contre les Chrétiens, et fit avec eux une paix honorable. Les courtisans, irrités de la gloire, surtout du bonheur du favori, conspirèrent contre le maitre : ils excitèrent des révoltes ; et, pour comble de calamités, le roi de Castille, Ferdinand IV, surnommé *l'Ajourné* (4), s'unit avec le roi d'Aragon pour attaquer les Grenadins. Gibraltar fut pris par le Castillan : le vainqueur en chassa les Maures. Parmi les infortunés qui sortaient de cette ville, un vieillard aperçut Ferdinand ; et s'approchant de lui, courbé sur son bâton :

Roi de Castille, lui dit-il, que t'ai-je fait à toi et aux tiens ? Ton bisaïeul Ferdinand m'a chassé de Séville, ma patrie. J'allai chercher un asile à Xérès ;

burne, *Lettres sur l'Espagne*, lettre XXIII ; Duperron, *Voyage d'Espagne*, tome I, etc.

ton aïeul Alphonse m'en fit sortir. Retiré dans les murs de Tariffe (5), ton père Sanche m'en exila. Enfin j'étais venu chercher un tombeau à l'extrémité de l'Espagne, sur le rivage de Gibraltar, et ta fureur m'y poursuit encore. Indique-moi donc un lieu sur la terre où je puisse mourir loin des Espagnols.

Passe la mer, répondit Ferdinand; et il le fit conduire en Afrique.

Troubles à Grenade. Règne de Mahomet IV. Abenazar.

Vaincu par les Aragonais, pressé par les Castillans, redoutant tout de son peuple, que les grands de sa cour soulevaient, le roi de Grenade, et Farady son ministre, furent forcés à une paix honteuse. L'orage aussitôt éclata. Mahomet Abenazar, frère de Mahomet-l'Aveugle, et chef de la conjuration, s'empara du malheureux prince, le fit périr, et prit sa place. Bientôt il fut chassé lui-même par Farady (J.-C. 1310. Hég. 710.), l'ancien ministre, qui, n'osant garder la couronne, la mit sur la tête de son fils Ismaël, neveu de Mahomet-l'Aveugle, par sa mère, sœur de ce monarque. (J.-C. 1313. Hég. 713.)

Dès ce moment, la famille royale de Grenade fut divisée en deux branches qui ne cessèrent plus d'être ennemies; la première, appelée des *Alhamar*, qui descendait du premier roi par les hommes; la seconde, dite des *Farady*, qui en descendait par les femmes.

Règne d'Ismaël.

Les Castillans, dont l'intérêt fut toujours d'entretenir les dissensions parmi les Maures, prirent le parti d'Abenazar, réfugié dans Guadix. L'infant don Pèdre, oncle du jeune roi de Castille, Alphonse, surnommé *le Vengeur*, vint attaquer Ismaël, et battit souvent les Maures. Réuni avec un autre infant nommé don Juan, ces deux princes portèrent le fer et le feu jusque sous les remparts de Grenade. Les Musulmans n'osèrent en sortir pour combattre les Chrétiens; mais lorsque ceux-ci, chargés de butin, eurent repris la route de Castille, Ismaël les fit poursuivre par son armée, qui bientôt les atteignit, et tomba tout à coup sur leur arrière-garde. C'était le 26 de juin (J.-C. 1319. Hég. 719.), à l'heure la plus brûlante du jour. Les deux infans firent tant d'efforts, se donnèrent tant de mouvement pour rétablir le combat, qu'épuisés de soif et de lassitude, ils tombèrent morts tous les deux sans avoir été frappés. Les Espagnols haletans ne pouvaient pas se défendre, ils prirent la fuite, perdirent leurs bagages, et laissèrent à leurs ennemis le corps d'un des malheureux infans. Ismaël fit porter ce corps à

Grenade, le déposa dans un cercueil couvert d'une étoffe d'or, et le remit ensuite aux Castillans, en lui rendant tous les honneurs funèbres [1].

Le fruit de cette victoire fut la prise de quelques villes et une trève honorable. Mais Ismaël ne jouit pas de ses succès : épris d'une jeune captive espagnole tombée en partage à l'un de ses officiers, Ismaël osa la lui enlever. Cet outrage, chez les Musulmans, est toujours lavé par du sang. Le roi fut assassiné par cet officier; son fils Mahomet V monta sur le trône. (J.-C. 1322. Hég. 722.)

Règne de Mahomet V et de Joseph I. Bataille du Salado.

Le règne de Mahomet V, et celui de Joseph I, son successeur, qui tous deux périrent de même, massacrés dans leur palais, ne présentent, pendant trente années, qu'une suite continuelle de ravages, de séditions, de combats. Abil-Hassam, roi de Maroc, de la dynastie des *Mérinis*, appelé par les Grenadins, vint aborder en Espagne, suivi de troupes innombrables qu'il joignit à celles de Joseph. Les rois de Castille et de Portugal réunis combattirent cette grande armée sur les rives de Salado, non loin de la ville de Tariffe. (J.-C. 1340. Hég. 742.) Cette

---

[1]. Les montagnes voisines de Grenade, où se passa cette action, sont nommées, depuis ce temps, *la Sierra de los infantes*.

bataille du Salado, aussi célèbre dans l'histoire d'Espagne que la victoire de Toloza, coûta la vie à des milliers de Maures. Abil-Hassam alla cacher sa honte dans ses Etats de Maroc. La forte place d'Algésiras, le boulevard de Grenade, l'entrepôt des secours qu'elle recevait d'Afrique, fut assiégée par les Castillans. (J.-C. 1342. Hég. 743.) Plusieurs chevaliers, français, anglais, navarrois, vinrent à ce siège, où les Musulmans se servirent de canons. C'est la première fois qu'il en est parlé dans l'histoire; car la bataille de Créci, où l'on assure que les Anglais en avaient, ne se donna que quatre ans après. C'est donc aux Maures que l'on doit, non pas l'invention de la poudre, que l'on attribue aux Chinois, au cordelier allemand Schwart, à l'Anglais Roger Bacon, mais l'invention terrible de l'artillerie; du moins est-il sûr que les Maures ont fondu les premiers canons. Malgré ce secours, Algésiras fut pris (J.-C. 1344. Hég. 745); et le malheureux roi de Grenade, Joseph, toujours battu par les Chrétiens, fut enfin égorgé par ses sujets. (J.-C. 1354. Hég. 755.)

On a pu remarquer que chez les Maures la succession à la couronne n'était réglée par aucune loi. Cependant, au milieu des conjurations qui se renouvelaient sans cesse, on choisissait toujours un prince qui fût de la race royale; et l'on a vu celle de Grenade divisée, depuis Ismaël, entre les *Alhamar* et les

Farady. Les premiers, dépossédés par les seconds, regardaient toujours ceux-ci comme des usurpateurs. Telle fut l'origine de tant de troubles, de conspirations et d'assassinats.

Règne de Mahomet VI et de Mahomet VII.

Joseph I eut pour successeur un prince Farady, son oncle, nommé Mahomet VI, dit *le Vieux*, parce qu'il parvint au trône dans un âge avancé. Un prince Alhamar, son cousin, qui s'appelait Mahomet *le Rouge*, chassa le Farady du trône, et l'occupa quelques années par la protection du roi d'Aragon. (J.-C. 1360. Hég. 762.) Pierre-le-Cruel, alors roi de Castille, embrassa la cause du Farady chassé, le soutint avec une armée, et pressa tellement Mahomet-le-Rouge ou l'Alhamar, que celui-ci ne vit d'autre ressource que d'aller lui-même à Séville se remettre à la discrétion du roi Pierre. Il arriva suivi de ses plus fidèles amis, portant avec lui beaucoup de trésors; et, se présentant devant Pierre avec une noble confiance :

Roi de Castille, lui dit-il, le sang des Chrétiens et des Maures coule depuis trop long-temps pour ma querelle avec Farady. Tu protèges mon compétiteur, et c'est toi que je choisis pour juge. Examine mes droits et les siens; prononce qui de nous deux doit être roi. Si c'est Farady, je ne te demande que de me faire conduire en Afrique; si c'est moi, reçois l'hommage que je viens te faire de mes Etats.

Crime horrible de Pierre-le-Cruel.

Pierre-le-Cruel, étonné, prodigua les honneurs au roi maure, le fit asseoir à ses côtés dans un magnifique festin. Mais, en sortant de table, il fut mis en prison, de là promené par toute la ville, demi-nu, monté sur un âne, et conduit dans un champ nommé *la Tablada*, où l'on coupa la tête, sous ses yeux, à trente-sept personnes de sa suite. L'exécrable Pierre, enviant aux bourreaux le plaisir de répandre du sang, perça lui-même de sa lance le malheureux roi de Grenade, qui ne lui dit que ces mots en expirant : O Pierre, Pierre, quel exploit pour un chevalier [1]! (J.-C. 1362. Hég. 734.)

État de l'Espagne et de l'Europe.

Par une fatalité bien extraordinaire, tous les trônes d'Espagne étaient alors occupés par des princes noircis de crimes. Pierre-le-Cruel, le Néron de la Castille, assassinait les rois qui se fiaient à lui, faisait périr son épouse Blanche de Bourbon, et se baignait tous les jours dans le sang de ses proches ou de ses sujets. Pierre IV, le Tibère de l'Aragon,

---

1. *Cronicas de los reies de Castilla*, tome I.

moins-violent, mais aussi barbare et plus perfide que le Castillan, dépouillait l'un de ses frères [1], ordonnait la mort de l'autre [2], et livrait aux bourreaux son ancien gouverneur [3]. Pierre I, roi de Portugal, l'amant de la célèbre Inès de Castro (6), rendu féroce sans doute par la cruauté qu'on avait exercée contre sa maîtresse, arrachait le cœur aux meurtriers d'Inès, et punissait par le poison les déportemens de sa sœur Marie. Enfin le roi de Navarre était ce Charles-le-Mauvais, dont le nom seul fait encore frémir. L'Espagne, inondée de sang, gémissait sous ces quatre monarques; et si l'on réfléchit que dans le même temps la France était livrée aux horreurs qui suivirent la prison du roi Jean, que l'Angleterre voyait commencer les troubles du règne de Richard III, que l'Italie, en proie aux factions des Guelphes et des Gibelins, comptait deux papes [4] à la fois, que deux empereurs en Allemagne se disputaient la couronne impériale [5], et que Tamerlan ravageait l'Asie depuis le pays des Usbecks jusqu'à la presqu'île de l'Inde, on conviendra qu'il est peu d'époques où le monde ait été plus malheureux.

1. Jacques, roi de Majorque.
2. Jacques, comte d'Urgel.
3. Bernard Cabrera.
4. Urbain VI et Clément VII.
5. Louis de Bavière et Frédéric-le-Beau.

Mahomet VI reprend la couronne.

Grenade fut du moins tranquille après le crime de Pierre-le-Cruel. Mahomet le Vieux ou le Farady, délivré de son compétiteur, remonta sans aucun obstacle sur le trône, et fut, jusqu'à la mort du roi de Castille, le seul allié qui resta fidèle à ce monstre. Pierre n'en succomba pas moins : son frère bâtard, Henri de Transtamare, lui ôta la couronne et la vie. (J.-C. 1369. Hég. 771.) Mahomet fit sa paix avec le vainqueur (J.-C. 1379. Hég. 782.), la conserva plusieurs années, et laissa ses Etats florissans à son fils Mahomet VIII Abouhadjad, que les historiens espagnols appellent Mahomet Guadix.

Règne de Mahomet VIII Abouhadjad.

Ce prince fut le meilleur et le plus sage des rois qui gouvernèrent les Maures. Uniquement occupé du bonheur de ses sujets, il voulut les maintenir dans cette paix dont ils avaient si rarement joui. Pour se l'assurer, il commença par fortifier ses places, par lever une forte armée, par s'allier avec le roi de Tunis, dont il épousa la fille Cadige. Prêt à la guerre, il envoya des ambassadeurs au roi de Castille lui demander son amitié. Don Juan, fils et successeur de Henri de Transtamare, occupé de ses querelles avec le Portugal et l'Angleterre, signa volontiers le traité. Abouhadjad n'y manqua jamais. Tranquille du côté des Chrétiens, il s'occupa de faire fleurir l'agriculture et le commerce, il diminua les impôts, et s'en trouva bientôt plus riche. Adoré d'un peuple qu'il rendait heureux, respecté des Chrétiens, qu'il ne craignait pas, possesseur d'une épouse aimable, qui seule fixa son cœur, il employait aux beaux-arts, à la poésie, à l'architecture, aux embellissemens de sa capitale, le temps et les trésors qui lui restaient : il éleva plusieurs monumens à Grenade, à Guadix, ville qu'il aima toujours de prédilection, et fit de sa cour l'asile des talens et de la politesse.

Sciences cultivées à Grenade.

Les Maures possédaient encore des universités, des académies, des poètes, des médecins, des peintres et des sculpteurs. Abouhadjad les encouragea, les récompensa magnifiquement. La plupart des ouvrages de ces auteurs grenadins périrent dans le temps de la conquête (7); mais quelques-uns ont été sauvés, et sont dans la bibliothèque de l'Escurial. Le plus grand nombre traite de la grammaire, de l'astrologie, alors fort respectée, surtout de la théologie, science dans laquelle les Arabes ont excellé [1].

---

[1]. Voyez la *Biblioteca Arabico-Hispana*, de Caziri.

Ce peuple, doué d'un esprit fin et d'une imagination ardente, devait produire de grands théologiens; aussi je pense que ce sont leurs écoles qui ont introduit dans l'Europe ce malheureux goût de scolastique, de disputes, de questions subtiles, qui rendit autrefois si célèbres des hommes aujourd'hui si obscurs. Les prétendus secrets de la cabale, de l'alchimie, de l'astrologie judiciaire, de la baguette divinatoire; toutes ces histoires, jadis si communes, de sorciers, de magiciens, d'enchanteurs, nous sont venues des Arabes : de tout temps ils furent superstitieux; et je serais tenté de croire que c'est leur séjour en Espagne, leurs longues habitudes avec les Espagnols, qui ont imprimé à ces derniers cet amour pour le merveilleux, ce caractère de piété crédule qui peut ressembler à la superstition, et que le philosophe reproche à cette nation vive, sensible, spirituelle, à qui la nature a donné le germe de toutes les grandes qualités.

Littérature et galanterie des Maures.

Un genre de littérature qui fut commun chez les Maures, et que les Espagnols ont pris d'eux, c'est celui des *nouvelles* et des *romances*. Les Arabes furent toujours et sont encore de grands conteurs. Au milieu des déserts d'Asie et d'Afrique, sous les tentes des Bédouins, ont se rassemble tous les soirs pour entendre une histoire d'amour : on l'écoute dans le silence, on la suit avec intérêt, et l'on pleure pour les deux amans dont on rapporte les aventures. A Grenade, il se joignait à ce goût naturel pour les contes le goût de la musique et du chant. Les poètes mettaient en vers des récits de guerre ou d'amour, les musiciens faisaient des airs, les jeunes Maures les chantaient : de là nous vient cette foule de romances espagnoles, traduites ou imitées de l'arabe[1], qui, dans un style simple et quelquefois touchant, racontent des combats avec les Chrétiens, des querelles entre les rivaux, des conversations entre deux amans. Tout s'y trouve décrit avec exactitude : leurs fêtes, leurs jeux de bague, de cannes[2], et leurs courses de taureaux qu'ils avaient prises des Espagnols ; leurs armes, qui consistaient dans un large cimeterre, une lance très-mince, une cotte de mailles courte, un léger bouclier de cuir ; leurs chevaux, dont les housses traînantes étaient brodées de pierreries ; leurs devises, qui presque toujours étaient un cœur percé de flèches, ou bien une étoile guidant un vaisseau, ou la première lettre du nom de la beauté qu'ils aimaient ; leurs couleurs enfin, dont chacune avait sa signification : le jaune et le

1. Le recueil que j'en possède en contient plus de mille.
2. Ces jeux sont décrits dans le second livre de mon ouvrage.

noir exprimaient la douleur; le vert, l'espérance;
le bleu, la jalousie; le violet et la couleur de feu,
l'amour passionné. Un seul de ces petits ouvrages,
traduit ici en l'abrégeant, les fera mieux connaître
que ce que j'en puis dire.

ZANGUL ET ZÉLINDE.

ROMANCE MAURE (1).

Dans un transport de jalousie,
Zélinde avait banni l'amant
Qui la chérit plus que sa vie,
Et fuit loin d'elle en gémissant.
Bientôt Zélinde, mieux instruite,
Se reproche sa cruauté :
Comme un enfant l'amour s'irrite,
Et pleure de s'être irrité.

On vient de lui dire que le Maure,
En proie à ses vives douleurs,
En quittant l'objet qu'il adore,
A changé ses tendres couleurs;
Le vert, emblème d'espérance,
A fait place au triste souci;
Un crêpe est au fer de sa lance;
Son bras porte un écu noirci.

---

1. *Romancero general*, édit. de Madrid, 1604, pag. 4

Zélinde aussitôt est partie,
Lui portant d'autres ornemens,
Où le bleu de la jalousie
Se mêle au pourpre des amans.

Le blanc, symbole d'innocence,
Se distingue à chaque ruban;
Le violet, de la constance,
Brille sur le riche turban.
En arrivant à la retraite
Où Ganzul attend son destin,
Zélinde, craintive, inquiète,
Se repose sous un jasmin.

Elle envoie un fidèle page
Chercher le malheureux amant.
Ganzul croit à peine au message;
L'infortune rend méfiant.

Il vole, il revoit son amante;
L'amour, l'espoir, trouble ses sens.
Zélinde, interdite et tremblante,
Rougit en offrant ses présens.
Tous deux pleurent dans le silence;
Mais leur regard, plein de douleur,
Rappelle et pardonne l'offense
Dont a gémi leur tendre cœur.

SUR LES MAURES.

GANZUL Y CELINDA.

ROMANCE MORO.

En el tiempo que Celinda
Cerró ayrada la ventana
A la disculpa, a los zelos
Que el Moro Ganzul le dava,
Confusa y arrepentida
De averse fingido ayrada
Por verle y desagraviarle,
El coraçon se le abrasa;
Que en el villano de amor
Es muy cierta esta mudanza, etc.

Y como supo que el Moro
Rompio furioso la lança, etc.
Y que la librea verde
Avia trocado en leonada;
Saco luego una marlota
De tafetan roxo y plata,
Un bizarro capellar
De tela de oro morada, etc.
Con un bonete cubierto
De zaphires y esmeraldas,
Que publican zelos muertos,
Y vivas las esperanças,
Con una nevada toca,.........

Que el color de la veleta
Tambien publica bonança,........
Informandose primero
A donde Ganzul estava,.......
A una casa de plazer
A quella tarde le llama;
Y en diziendole a Ganzul
Que Celinda le aguardava,
Al page le preguntò
Tres vezes, si se burlava;
Que son malas de creer
Las nuevas muy desseadas, etc.
Hallola en un jardin,.........
Entre mosqueta y jazmin, etc.

Viendose Moro con ella,
A penas los ojos alça;
Celinda le asio la mano,
Un poco roxa y turbada;
Y alfin de infinitas quexas
Que en tales passos se passan,.......
Vistiose alfin las preseas
Con las manos de su dama, etc.

<small>Mélange étonnant de galanterie et de férocité.</small>

Cette galanterie délicate et recherchée, qui rendit les Maures de Grenade fameux dans toute l'Europe, forme un contraste singulier avec la férocité naturelle à tous les peuples venus de l'Afrique. Ces Musulmans, qui, dans les combats, mettaient leur gloire, leur adresse, à couper habilement des têtes qu'ils attachaient à l'arçon de leur selle, qu'ils exposaient ensuite sanglantes sur les créneaux de leurs villes, sur les portes de leurs palais; ces guerriers inquiets, indociles, toujours prêts à se révolter contre leurs rois, à les déposer, à les égorger, étaient les amans les plus tendres, les plus soumis, les plus passionnés. Leurs femmes, quoiqu'elles fussent à peu près esclaves, devenaient, lorsqu'elles étaient aimées, des souveraines absolues, des dieux suprêmes pour celui dont elles possédaient le cœur. C'était pour leur plaire qu'ils cherchaient la gloire; c'était pour briller à leurs yeux qu'ils prodiguaient leurs trésors, leur vie, qu'ils s'efforçaient mutuellement de s'effacer par leurs exploits, par les fêtes les plus magnifiques. Ce mélange extraordinaire de douceur et de cruauté, de délicatesse et de barbarie, cette passion de se montrer le plus brave et le plus constant, venaient-ils aux Maures des Espagnols? ou les Espagnols les ont-ils pris des Maures? Je l'ignore; mais en remarquant que ce caractère n'exista jamais en Asie, première patrie de ces Arabes; qu'on le trouve encore moins en Afrique, où leur conquête les naturalisa; et que, depuis leur sortie d'Espagne, ils ont perdu jusqu'à la trace de ces mœurs aimables et chevaleresques, j'ai quelque raison de penser qu'ils les devaient aux Espagnols. En effet, avant l'invasion des Maures, la cour des rois goths en offre déjà des exemples. Après cette époque, nous voyons les princes, les chevaliers de Léon, de Navarre, de Castille, aussi renommés par leurs amours que par leurs exploits. Le seul nom du Cid rappelle à la fois des idées de tendresse et de courage ; et depuis l'expulsion des Maures, les Espagnols ont long-temps conservé une réputation de galanterie fort supérieure à celle des Français, et dont le germe, détruit à présent chez toutes les nations modernes, subsiste toujours en Espagne.

Quoi qu'il en soit, les femmes de Grenade méritaient d'inspirer tant d'amour : elles étaient et sont encore peut-être les plus séduisantes de l'univers. On lit dans un historien arabe[1], qui écrivait à Grenade en 1378 de notre ère, sous le règne de Mahomet-le-Vieux, ce portrait des femmes de son pays :

Portrait des femmes de Grenade.

« Elles sont toutes belles ; mais cette beauté, qui
« frappe d'abord, reçoit ensuite son principal charme
« de leurs graces, de leur gentillesse. Leur taille est
« au-dessus de la moyenne, et nulle part on n'en

---

[1]. Abi-Abdalla-ben-Alkahilhi Absaneni, *Histor. Gran.*, manuscrit arabe de l'Escurial.

« voit de mieux prise, de plus svelte. Leurs longs
« cheveux noirs descendent jusqu'aux talons ; leurs
« dents, blanches comme l'albâtre, embellissent une
« bouche vermeille qui sourit toujours d'un air ca-
« ressant. Le grand usage qu'elles font des parfums
« les plus exquis donne une fraîcheur, un éclat à leur
« peau, que n'ont point les autres Musulmanes.
« Leur démarche, leur danse, tous leurs mouve-
« mens ont une mollesse gracieuse, une nonchalance
« légère, qui l'emporte sur tous leurs attraits. Leur
« conversation est vive, piquante; et leur esprit, fin,
« pénétrant, s'exprime sans cesse par des saillies ou
« par des mots pleins de sens. »

Habits des femmes et des hommes.

L'habit de ces femmes était composé, comme l'est encore celui des Turques et des Persanes, d'une longue tunique de lin, serrée par une ceinture, d'un doliman à manches étroites, de grands caleçons, et de pantoufles de maroquin. Toutes ces étoffes, extrêmement fines, ordinairement rayées, étaient brochées d'or, d'argent, et semées de pierreries. Leurs cheveux tressés flottaient sur leurs épaules. Un petit bonnet fort riche soutenait sur leur tête un voile brodé qui leur tombait jusqu'aux genoux. Les hommes étaient vêtus à peu près de même : à leur ceinture étaient leur bourse, leur mouchoir et leur poignard ; un turban blanc ou de couleur couvrait leur tête, et par-dessus le doliman ils portaient en été une robe blanche, large et volante ; en hiver, l'*albornos*, ou manteau africain. Le seul changement qu'ils faisaient à cet habit, lorsqu'ils allaient à la guerre, c'était d'y ajouter une cotte de mailles, et de doubler avec du fer la coiffe de leurs turbans.

Coutumes des Maures.

L'usage était à Grenade de se rassembler tous les ans, pendant l'automne, dans les charmantes maisons de campagne dont la ville était entourée. Là, on ne s'occupait que de plaisirs : la chasse, la musique, la danse, remplissaient les jours et les nuits. Ces danses étaient fort libres, ainsi que les chansons, les rondes, les ballades qu'on y chantait. Si les contradictions de l'esprit humain pouvaient surprendre, on serait encore étonné de ce défaut de pudeur chez un peuple qui connaissait l'amour : mais en général les Orientaux sont peu sensibles à cette pudeur si aimable; ils sont plus passionnés qu'aimans, plus jaloux que délicats, et ne savent ni attendre, ni cacher les plaisirs qu'ils achètent ou qu'ils arrachent.

J'ai profité, pour placer ces détails, peut-être trop longs, du calme dont jouit Grenade sous le règne d'Abouhadjad. Ce bon roi, après avoir occupé le trône pendant treize années, laissa ses Etats florissans à son fils Joseph, qui lui succéda sans contradiction. (J.-C. 1392. Hég. 793.)

Règne de Joseph II.

Joseph II imita son père, et voulut conserver la trève jurée avec les Chrétiens. Un ermite la troubla : ce fanatique vint à bout de persuader au grand-maître d'Alcantara, Martin de Barbuda, Portugais, que le ciel l'avait choisi pour chasser les Musulmans d'Espagne : il lui promit, au nom de Dieu, qu'il serait vainqueur des Maures, qu'il prendrait Grenade d'assaut sans perdre seulement un soldat.

Folie du grand-maître d'Alcantara.

Le crédule grand-maître, convaincu de la certitude de cette promesse, envoya sur-le-champ des ambassadeurs à Joseph pour lui déclarer de sa part que, la religion de Mahomet étant fausse et détestable, et celle de Jésus-Christ la seule que dût croire le genre humain, lui, Martin de Barbuda, défiait le roi de Grenade à un combat de deux cents Maures contre cent Chrétiens, à condition que la nation vaincue adopterait sur-le-champ la croyance de la nation victorieuse.

On peut juger de la réception qui fut faite à ces ambassadeurs. Joseph eut de la peine à contenir son peuple. Les envoyés, chassés honteusement, retournèrent auprès du grand-maître, qui, surpris de n'avoir point de réponse, rassemble aussitôt mille fantassins, trois cents cavaliers, et part pour aller conquérir Grenade, guidé par le prophète ermite.

Il est puni de sa démence.

Le roi de Castille, Henri III, qui désirait conserver la paix avec les Maures dans un commencement de règne où ses propres Etats étaient peu tranquilles, fut à peine instruit de l'entreprise du grand-maître, qu'il lui envoya des ordres positifs de ne point passer la frontière; mais Barbuda répondit qu'il devait obéir à Dieu, et continua son chemin. Les gouverneurs des villes qu'il traversait essayaient vainement de l'arrêter; les peuples, au contraire, lui prodiguaient les hommages, et s'empressaient de grossir son armée. Elle était déjà forte de six mille hommes lorsqu'il mit le pied sur cette terre ennemie, que sa folle crédulité lui faisait regarder comme sa conquête. Il attaqua le premier château; il perdit trois hommes et fut blessé. Surpris au-delà de ce qu'on peut croire de voir couler son sang et tomber trois soldats, il appela son ermite, lui demanda froidement ce que cela signifiait, d'après sa parole expresse qu'il ne perdrait pas un guerrier. L'ermite lui répondit qu'il n'avait entendu parler que des batailles rangées. Barbuda ne se plaignit plus, et ne tarda pas à voir arriver une armée de cinquante mille Maures. Le combat aussitôt s'engagea (J.-C. 1394. Hég. 798.): le grand-maître et ses trois cents chevaliers périrent après avoir fait des prodiges de valeur. Le reste de ses troupes fut pris ou mis en fuite, et le silence des historiens sur l'ermite donne lieu de croire qu'il ne fut pas des derniers à s'échapper [1].

Cette entreprise insensée ne troubla point la paix des deux nations. Le roi de Castille désavoua le grand-maître; et Joseph continua de régner avec gloire et tranquillité; mais il fut empoisonné, dit-on, par un vêtement magnifique que le roi de Fez, son ennemi secret, lui envoya par ses ambassadeurs. Les historiens assurent que cette robe, imprégnée d'un poison terrible, fit périr le malheureux Joseph dans des tourmens épouvantables (J.-C. 1396. Hég. 799.): sa chair se détachait de ses os, et ce supplice dura trente jours.

Règne de Mahomet IX.

Mahomet IX, le second de ses fils, qui, même du vivant de son père, avait tenté d'exciter des troubles, usurpa la couronne sur son frère aîné

---

[1]. Ferreras, *Compend. Histor.*, tom. VIII; Cardonne, *Histoire d'Afrique*, tom. III, etc.

Joseph, qu'il fit renfermer dans une prison. Mahomet avait de la valeur et quelques talens guerriers. Allié du roi de Tunis, qui joignit sa flotte à celle de Grenade, il rompit la trêve avec la Castille, et remporta d'abord quelques avantages : mais l'infant don Ferdinand, oncle et tuteur du jeune roi Jean II, ne tarda pas à venger les Espagnols. Mahomet IX mourut alors. (J.-C. 1408. Hég. 811.) Avant d'expirer, voulant assurer la couronne à son fils, il envoya l'un de ses principaux officiers à la prison de son frère Joseph, avec ordre de lui couper la tête. L'officier trouva Joseph faisant une partie d'échecs avec un iman. Il lui annonce avec douleur la funeste commission dont il est chargé. Joseph, sans se troubler, lui demande le temps d'achever sa partie; l'officier n'ose refuser cette faible grace. Tandis que le prince continue, un nouveau message arrive, apportant la nouvelle de la mort de Mahomet, et de la proclamation de Joseph pour son successeur au trône.

Règne de Joseph III.

Ce Joseph III fut un bon monarque; le peuple fut heureux sous son règne. Loin de se venger des séditieux qui avaient aidé Mahomet à le priver de la couronne, il leur prodigua les emplois, les graces ; il éleva les fils de son frère comme ses propres enfans; et lorsque ses conseillers le blâmaient de tant d'indulgence, qu'ils regardaient comme dangereuse, *Permettez*, leur répondait-il, *que j'ôte à mes ennemis toute excuse de m'avoir préféré mon frère cadet.*

Cet excellent prince fut souvent obligé de prendre les armes contre les Chrétiens. Il perdit des villes; mais il conserva le respect, l'amour de ses sujets, et mourut, après quinze ans de règne, pleuré par tout son royaume. (J.-C. 1423. Hég. 827.)

Troubles à Grenade. Règnes de Mahomet X, de Mahomet XI, de Joseph IV Alhamar, de Mahomet XII Osmin.

Après sa mort, l'Etat fut déchiré par des guerres intestines. Le fils et le successeur de Joseph, Mahomet X, *Abénazar* ou *le Gaucher*, fut chassé du trône par Mahomet XI *el Zugair* ou *le Petit*, qui régna pendant deux ans. Les Abencerrages (8), tribu puissante à Grenade, rétablirent Mahomet-le-Gaucher. (J.-C. 1427. Hég. 831.) Son compétiteur périt sur l'échafaud. Les Espagnols attaquèrent les Maures, et portèrent le fer et la flamme jusqu'aux glacis de leur capitale. Toutes les campagnes furent dévastées, les moissons brûlées, les villages détruits; et Jean II, qui régnait alors en Castille, voulant ajouter aux malheurs qu'il causait aux Grenadins le malheur plus grand de la guerre civile, fit proclamer roi de Grenade un certain Joseph Alhamar, petit-fils de ce

Mahomet-le-Rouge si indignement assassiné par Pierre-le-Cruel à Séville.

Tous les mécontens vinrent se ranger auprès de Joseph Alhamar. Les Zégris, tribu fameuse, ennemie des Abencerrages, prirent le parti de l'usurpateur. Mahomet-le-Gaucher fut encore chassé de sa capitale (J.-C. 1432. Hég. 836.), et Joseph IV Alhamar occupa le trône six mois. Au bout de ce temps, il mourut. Mahomet-le-Gaucher reprit sa place. Après treize ans de malheurs, il fut déposé, pour la troisième fois (J.-C. 1446. Hég. 849.), pris et renfermé dans une prison par un de ses neveux nommé Mahomet XII Osmin, qui lui-même se vit ensuite détrôné par son propre frère Ismaël (J.-C. 1453. Hég. 849.), finit ses jours dans le même cachot où languissait leur oncle Mahomet-le-Gaucher.

Règne d'Ismaël II.

Tant de révolutions n'empêchaient point les gouverneurs chrétiens ou maures qui commandaient sur les frontières de faire sans cesse des irruptions dans le pays ennemi : tantôt c'était une petite troupe de cavalerie ou d'infanterie qui venait surprendre un village, massacrer les habitans, piller les maisons, enlever les troupeaux ; tantôt c'était une armée qui tout à coup paraissait dans la plaine, dévastait les campagnes, arrachait les vignes, coupait les arbres, assiégeait, emportait quelque place, et se retirait avec son butin. Cette manière de faire la guerre était la plus ruineuse de toutes pour le malheureux cultivateur; et, sous le règne d'Ismaël II, le pays de Grenade avait tellement souffert, que ce roi fut obligé de faire défricher de grandes forêts pour nourrir sa capitale, qui ne recueillait presque plus rien de cette vaste et fertile *vega*, tant de fois désolée par les Espagnols.

Règne de Mulei-Hassem.

Ismaël II laissa la couronne à son fils Mulei-Hassem (J.-C. 1465. Hég. 870), jeune prince plein de courage, qui, profitant des troubles de la Castille, sous le règne déplorable de Henri IV, dit *l'Impuissant*, porta ses armes jusqu'au centre de l'Andalousie. Les succès qu'il eut d'abord, ses talens, son ardeur guerrière, firent concevoir aux Maures l'espoir de reprendre leur ancienne puissance; mais un grand événement vint arrêter leurs victoires, et prépara leur ruine totale.

Ferdinand et Isabelle. Leurs caractères.

Isabelle de Castille, sœur de Henri-l'Impuissant, malgré le roi son frère, malgré les obstacles qui paraissaient insurmontables, épousa le roi de Sicile, Ferdinand, dit *le Catholique*, héritier présomptif de l'Aragon. (9) (J.-C. 1469. Hég. 874.) Ce mariage, en réunissant les deux plus puissantes monarchies de l'Espagne, portait un coup mortel aux Maures, qui jusqu'alors ne s'étaient soutenus que par les divisions des Chrétiens. Un seul des deux ennemis qu'ils allaient avoir à combattre eût suffi pour les accabler. Ferdinand, politique habile, adroit, souple et ferme à la fois, prudent jusqu'à la méfiance, fin jusqu'à la fausseté, possédait le talent suprême de voir de loin et d'un coup d'œil tous les chemins qui menaient à son but. Isabelle, plus noble, plus fière, douée d'un courage héroïque, d'une constance à toute épreuve, savait poursuivre une entreprise, et savait surtout l'achever. Le caractère de l'un ennoblissait l'esprit de l'autre. L'époux jouait souvent le rôle d'une femme faible et perfide qui négocie pour tromper; l'épouse était toujours un grand roi qui marche au combat et triomphe.

Aussitôt que ces deux monarques eurent dissipé les factions, vaincu les ennemis étrangers, pacifié les troubles intérieurs, et recueilli la succession immense qui leur fut long-tems disputée, ils s'occupèrent uniquement de chasser tout-à-fait les Maures. Ce siècle semblait marqué pour la gloire des Espagnols. Indépendamment du prodigieux avantage que leur donnait la réunion de leurs forces, Isabelle et Ferdinand étaient entourés d'hommes supérieurs

Le célèbre Ximenès, simple cordelier, depuis cardinal, était à la tête de leurs conseils; et cet habile ministre *menait*, comme il le disait lui-même, *toute l'Espagne avec son cordon*. Les guerres civiles avaient formé une foule de guerriers, de généraux excellens, parmi lesquels se distinguaient le comte de Cabra, le marquis de Cadix, et ce fameux Gonzalve de Cordoue, à qui l'Europe et l'histoire ont confirmé le surnom de *grand capitaine* que sa patrie lui donna. Le trésor public, épuisé par les folles prodigalités de Henri, s'était tout à coup rempli par la sévère économie d'Isabelle, et par les bulles obtenues du pape pour toucher aux biens ecclésiastiques. Les troupes étaient aguerries et nombreuses; l'émulation des Castillans et des Aragonais devait doubler leur valeur; tout annonçait la chute certaine du dernier trône des Musulmans.

La guerre se déclare.

Mulei-Hassem, qui l'occupait, ne fut point effrayé de tant de périls; il rompit le premier la trêve, en s'emparant de Zahra. (J.-C. 1481. Hég. 886.) Ferdinand s'en plaignit par des ambassadeurs, qui demandèrent en même temps l'ancien tribut payé par les rois de Grenade aux souverains de Castille. Je sais, leur répondit Mulei, que quelques-uns de mes prédécesseurs vous ont donné des pièces d'or; mais on ne bat plus monnaie sous mon règne, et voici le seul métal que je puisse offrir aux Espagnols. En disant ces mots, ils leur présenta le bout de sa lance.

Prise d'Alhama.

L'armée de Ferdinand marcha bientôt vers Alhama, place très-forte, voisine de Grenade, et renommée par les bains magnifiques dont les rois maures l'avaient embellie. Alhama fut surprise par les Chrétiens, et la guerre allumée pour ne plus s'éteindre.

Les succès en furent d'abord balancés. Mulei avait des troupes nombreuses, un grand trésor, de l'artillerie. Il aurait pu long-temps se défendre ; mais une imprudence de sa part le précipita pour jamais dans un abîme de maux.

Guerre civile chez les Maures. Boabdil est proclamé roi.

Mulei était l'époux d'une Maure nommée Aïxa, d'une des premières tribus de Grenade. Il en avait un fils, appelé Boabdil, qui devait régner après lui. Épris d'une esclave chrétienne qui le gouvernait à son gré, Mulei répudia sa femme Aïxa. Ce fut le signal de la guerre civile. L'épouse outragée, d'accord avec le coupable Boabdil, souleva ses parens, ses amis, et la moitié de Grenade. Mulei-Hassem fut chassé de sa capitale, Boabdil prit le titre de roi ;

et le père et le fils se disputèrent les armes à la main une couronne que Ferdinand allait ravir à tous deux.

Boabdil est pris par les Espagnols.

Pour comble de malheur, un frère de Mulei-nommé Zagal, se mit à la tête de quelques troupes, et remporta sur les Espagnols un avantage considérable dans les défilés de Malaga. (J.-C. 1483. Hég. 883.) Cette victoire valut à Zagal l'amour et l'estime des Maures; il conçut aussitôt l'espoir de détrôner son frère et son neveu. L'Etat se vit déchiré par un troisième parti. Boabdil trembla dans Grenade; et, voulant tenter une action d'éclat qui ranimât sa faction déjà prête à l'abandonner, il sortit, à la tête d'une petite armée, pour aller surprendre Lucène, ville appartenant aux Castillans. L'infortuné Boabdil fut pris dans cette expédition. C'était le premier roi maure captif chez les Espagnols. Ferdinand lui prodigua les égards dus au malheur, et le fit garder à Cordoue.

Boabdil est remis en liberté.

Mulei-Hassem saisit ce moment pour reprendre la couronne qu'un fils rebelle lui avait enlevée. Malgré le parti de Zagal, il rentra dans sa capitale; mais il ne put qu'opposer une faible résistance aux progrès des Castillans, qui de toutes parts soumettaient les villes et s'avançaient toujours vers Grenade, où les malheureux Musulmans se livraient entre eux des combats. Pour augmenter ces divisions sanglantes, qui déjà présageaient leur ruine, l'habile Ferdinand rendit à Boabdil la liberté ; il devint même l'allié de son captif, promit de l'aider contre son père, à condition que Boabdil lui paierait un tribut de douze mille écus d'or ; qu'il se reconnaîtrait son vassal, et lui livrerait certaines places. Le lâche Boabdil signa tout ; et, soutenu par Ferdinand, il courut faire la guerre à Mulei.

Les Maures se détruisent eux-mêmes.

Le royaume de Grenade devint alors un champ de carnage où Mulei-Hassem, Boabdil, Zagal, se poursuivaient le fer à la main, en disputant de tristes débris. Les Espagnols, pendant ce temps, marchaient de conquête en conquête, tantôt sous le prétexte de secourir leur allié Boabdil, tantôt réclamant le traité qu'ils avaient fait avec ce monarque, toujours attisant le feu des discordes, dépouillant également les trois partis, et laissant aux vaincus leurs lois, leurs usages et le libre exercice de leur religion.

Au milieu de tant de troubles, de crimes, de calamités, le vieux Mulei-Hassem mourut de douleur, ou par les coups de son frère. (J.-C. 1485. Hég. 890.) Ferdinand se rendit maître de toute la partie occidentale du royaume ; et Boabdil convint avec Zagal de partager le peu qui restait de cet Etat désolé. Grenade appartint à Boabdil; Guadix et Almérie furent cédées à Zagal. La guerre n'en continua pas moins; et le coupable Zagal, désespérant de conserver ce qu'il avait, vendit ses places à Ferdinand pour une pension annuelle. Le traité fut signé; les rois catholiques prirent possession de ces villes. (J.-C. 1490. Hég. 896.) Le traître Zagal ne rougit pas d'accepter un emploi dans l'armée chrétienne, pour porter les derniers coups à sa patrie et à son neveu.

Boabdil règne seul à Grenade.

Enfin il ne restait plus aux Musulmans que la seule cité de Grenade. Boabdil y régnait encore; et ce prince malheureux, aigri par ses infortunes, tournait sa rage contre ses sujets, qu'il gouvernait en tyran. Les rois de Castille et d'Aragon, malgré leur prétendue alliance avec ce faible monarque, l'envoyèrent sommer de remettre en leurs mains sa capitale, selon le traité secret qu'ils disaient être fait entre eux. Boabdil éclata contre tant de perfidie. Mais il n'était plus temps de se plaindre; il fallait combattre, ou cesser de régner. Le roi maure prit au moins le parti le plus généreux: il résolut de se défendre. Ferdinand, à la tête d'une armée de soixante mille hommes, l'élite des deux royaumes,

vint mettre le siège devant Grenade, le 9 mai 1491.
(J. C. 1491. Hég. 897.)

Siège de Grenade.

Cette grande ville, comme je l'ai dit, était défendue par de forts remparts, flanqués de mille trente tours, et par une foule d'ouvrages entassés les uns sur les autres. Malgré les guerres civiles qui l'avaient inondée de sang, elle renfermait encore plus de deux cent mille habitans. Tout ce qui restait de braves guerriers attachés à leur patrie, à leur religion, à leurs lois, s'était réuni dans ses murs. Le désespoir doublait leurs forces ; et, sous un autre chef que Boabdil, ce désespoir aurait pu les sauver ; mais ce roi, faible et féroce, sur un soupçon, sur le moindre indice, faisait périr par le fer des bourreaux ses plus fidèles défenseurs : il était l'objet de la haine et du mépris des Grenadins, qui l'avaient surnommé *Zogoyli*, c'est-à-dire *le petit roi*. Toutes les tribus de Grenade, surtout celle des Abencerrages, étaient mécontentes et découragées. Les alfaquis, les imans, prédisaient à haute voix la fin de l'empire des Maures ; et la seule horreur qu'on avait encore pour le joug des Espagnols soutenait un peuple indigné contre ses ennemis et contre son roi.

Isabelle se rend au camp.

Les troupes de Ferdinand, au contraire, ivres de

leurs succès passés, se regardant comme invincibles, croyaient marcher à une conquête certaine. Elles se voyaient guidées par des chefs qu'elles adoraient : Ponce de Léon, marquis de Cadix; Henri de Gusman, duc de Medina Sidonia; Mendoze, Aguilar, Villena, surtout Gonzalve de Cordoue, beaucoup d'autres fameux capitaines, suivaient un roi victorieux. Isabelle, dont les vertus commandaient la vénération, dont la grace, l'affabilité, savaient attirer l'amour, s'était rendue au camp de son époux avec l'infant, les infantes, avec la plus brillante cour qui fût alors dans toute l'Europe. Cette grande reine faisait plier aux circonstances son humeur naturellement sévère : elle mêlait aux travaux guerriers les fêtes et les plaisirs. Les tournois délassaient des combats; les illuminations, les danses, les jeux, remplissaient les nuits d'été, si belles dans ces climats. Isabelle présidait à tout; un seul mot de sa bouche était une récompense; un de ses regards faisait un héros du dernier de ses soldats. L'abondance régnait dans le camp; la joie, l'espoir, animaient tous les cœurs; tandis que chez les Grenadins la défiance mutuelle, la consternation générale, la certitude de manquer de vivres, avaient glacé tous les courages.

Isabelle bâtit une ville.

Le siège dura cependant près de neuf mois. Ferdinand ne tenta point d'assaut contre une place si bien fortifiée : après avoir dévasté les environs, il attendit patiemment que la faim lui livrât Grenade. Content de foudroyer les remparts, de repousser les fréquentes sorties des Maures, il n'engagea point d'action décisive, et resserra chaque jour davantage l'ennemi, qui ne pouvait lui échapper. Un accident pendant la nuit mit le feu aux tentes d'Isabelle; l'incendie consuma tout le camp. Boabdil n'en profita point. La reine voulut qu'à la place de ce camp brûlé les Espagnols bâtissent une ville, [1] afin de faire voir aux Musulmans que le siège ne serait jamais levé. Cette idée grande, extraordinaire, digne du génie d'Isabelle, fut exécutée en quatre-vingts jours. Les Espagnols s'établirent dans la nouvelle cité, qui fut fermée de murailles. Elle subsiste encore aujourd'hui, et porte le nom de *Santa-Fé*, que lui donna la pieuse reine.

Grenade capitule.

Enfin, pressés par la famine, battus le plus souvent dans les petits combats qui se livraient sans

---

1. *Histoire de Ferdinand et d'Isabelle*, Mariana, Garibai, Ferreras, etc.

cesse sous leurs murs, abandonnés par l'Afrique, qui ne tenta aucun effort pour les sauver, les Maures sentirent la nécessité de se rendre. Gonzalve de Cordoue fut chargé par les rois de régler les articles de la capitulation. Elle portait que les Grenadins reconnaîtraient pour leurs rois Ferdinand et Isabelle, ainsi que leurs successeurs à la couronne de Castille; qu'ils rendraient sans rançon tous les prisonniers chrétiens; que les Maures, toujours gouvernés selon leurs lois, conserveraient leurs coutumes, leurs juges, la moitié de leurs mosquées, et le libre exercice de leur culte; qu'ils pourraient garder ou vendre leurs biens, et se retirer en Afrique ou dans tel autre pays qu'ils choisiraient, sans que jamais les Castillans pussent les forcer de quitter l'Espagne; que Boabdil jouirait, dans les Alpuxares, d'un riche et vaste domaine dont il disposerait à son gré.

Boabdil sort de Grenade.

Telle fut la capitulation, que les Espagnols observèrent mal. Boabdil l'exécuta quelques jours avant le terme convenu, parce qu'il apprit que son peuple, soulevé par les imans, voulait rompre la négociation et s'ensevelir sous les ruines de Grenade. Le malheureux roi se hâta de livrer aux Castillans l'Albayzin et l'Alhambra; il alla ensuite porter les clefs à Ferdinand, et ne rentra plus dans la ville. (J.-C. 1492. Hég. 898.) Bientôt, suivi de sa famille et d'un petit nombre de serviteurs, il prit le chemin du triste domaine qu'on lui donnait pour un royaume. Arrivé sur le mont Palud, d'où l'on découvre Grenade, il jeta sur elle un dernier regard, et les larmes baignèrent son visage. *Mon fils*, lui dit sa mère Aïxa, *vous avez raison de pleurer comme une femme le trône que vous n'avez pas su défendre comme un homme.* Cet infortuné ne put vivre sujet dans un pays où il avait régné : il passa peu de temps après en Afrique, et fut tué dans un combat.

Les Espagnols entrent dans Grenade.

Isabelle et Ferdinand firent leur entrée à Grenade le 2 janvier 1492, au bruit de leur artillerie, au milieu d'une double haie de soldats. La ville semblait déserte ; les Maures, retirés dans leurs maisons, fuyaient la présence de leurs vainqueurs, cachaient leurs larmes et leur désespoir. Les rois allèrent d'abord à la grande mosquée, qui fut transformée en église, et où ils rendirent grâces à Dieu de tant de succès. Tandis qu'ils remplissaient ce pieux devoir, le comte de Tendilla, nouveau gouverneur de Grenade, arborait la croix triomphante, l'étendard de Castille et de celui de Saint-Jacques sur la plus haute tour de l'Alhambra.

Ainsi tomba cette ville fameuse, ainsi finit la

puissance des Maures en Espagne, après avoir duré sept cent quatre-vingt-deux ans, depuis la conquête de Tarik.

Causes de la ruine des Maures.

On a dû remarquer dans ce court précis les principales causes de leur perte. La première était dans leur caractère, dans cet esprit d'inconstance, cet amour de nouveautés, cette inquiétude éternelle qui leur fit si souvent changer de rois, qui multiplia chez eux les factions, déchira leur empire par la discorde, et finit par les livrer à leurs ennemis, dénués des forces qu'ils avaient employées contre eux-mêmes. Ils avaient de plus à se reprocher leur goût pour la magnificence, pour les fêtes, pour les monumens, qui épuisait le trésor public, tandis que leurs guerres continuelles laissaient à peine à la terre la plus fertile du monde le temps de reproduire des moissons toujours ravagées par les Espagnols. D'ailleurs, ils manquaient de lois, seule base solide de la prospérité des nations; et leur gouvernement despotique, sous lequel les hommes n'ont point de patrie, faisait regarder à chaque individu ses vertus ou ses lumières comme des moyens de considération personnelle, et non comme le patrimoine de l'Etat.

Qualités de cette nation.

Ces défauts si dangereux, et qui causèrent leur

ruine, étaient rachetés par des qualités que les Chrétiens eux-mêmes leur reconnaissaient. Aussi braves, aussi sobres que les Espagnols, moins disciplinés, moins habiles, ils leur étaient supérieurs dans l'attaque. L'adversité ne les abattait pas long-temps; ils y voyaient la volonté du ciel, et se soumettaient sans murmure. Le dogme de la fatalité contribuait sans doute à leur donner cette vertu. Observateurs fervens de la loi de Mahomet, ils pratiquaient exactement le beau précepte de l'aumône (10): ils donnaient aux pauvres non-seulement du pain, de l'argent, mais une portion de leurs grains, de leurs fruits, de leurs troupeaux, de toutes leurs marchandises. Dans les villes, dans les campagnes, les malades étaient recueillis, soignés, secourus avec une attentive piété. L'hospitalité de tout temps si sacrée chez les Arabes, ne l'était pas moins à Grenade; ils se plaisaient à l'exercer; et l'on ne peut lire sans attendrissement le trait de ce vieillard grenadin à qui un inconnu teint de sang et poursuivi par la justice, vint demander un asile. Le vieillard le cache dans sa maison. Dans l'instant même la garde arrive en demandant le meurtrier et rapportant au vieillard le corps de son fils, que cet inconnu vient d'assassiner. Le malheureux père ne livra point son hôte; et quand la garde fut partie: *Sors de chez moi*, dit-il à l'assassin, *pour qu'il me soit permis de te poursuivre*.

Révoltes des Maures.

Tels furent ces Maures célèbres, peu connus des historiens, qui les ont souvent calomniés. Après leur défaite, beaucoup d'entre eux se retirèrent en Afrique. Ceux qui restèrent à Grenade eurent à souffrir des persécutions. L'article du dernier traité, qui leur assurait formellement la liberté de leur culte, fut violé par les Espagnols : on les forçait d'abjurer leur croyance par la gêne, par la crainte, par toutes sortes d'indignes moyens. Irrités de ce manque de foi, les Maures tentèrent de se soulever. Leurs efforts furent inutiles : Ferdinand lui-même marcha contre eux, fit passer au fil de l'épée ceux qu'il appelait des rebelles, et, le glaive à la main, donna le baptême à plus de cinquante mille vaincus. (J.-C. 1500.)

Leur expulsion totale.

Les successeurs de Ferdinand, Charles-Quint, et surtout Philippe II, tourmentèrent de nouveau les Maures (11). L'inquisition fut établie à Grenade : la terreur, la désolation, les supplices, furent employés pour les convertir; on leur arrachait leurs enfans pour les élever dans la foi d'un Dieu qui détesta toujours la violence, qui ne prêcha que la paix; on les dépouillait de leurs biens ; on les accusait sur le moindre prétexte. Réduits au désespoir, ils prirent les armes; et la plus terrible vengeance fut exercée par eux contre les prêtres chrétiens. (J.-C. 1569.) Le nouveau roi qu'ils avaient choisi, nommé Mahomet-ben-Ommiah, qui se disait du sang des Ommiades, livra plusieurs combats dans les Alpuxares; et s'y soutint deux ans malgré ses revers. Il fut assassiné par les siens. Son successeur eut le même sort, et les Maures furent forcés de reprendre un joug que leur révolte rendit plus pesant. Enfin le roi Philippe III les chassa tout-à-fait d'Espagne (J.-C. 1609.); et la dépopulation causée par ce fameux édit fit à cette grande monarchie une plaie qui saigne encore. Plus de cent cinquante mille de ces infortunés passèrent par la France, où notre bon Henri IV les fit traiter avec humanité. Quelques autres, en petit nombre, restèrent et sont encore cachés dans les montagnes des Alpuxares; mais la plupart allèrent se fixer en Afrique, où ce peuple malheureux traîne aujourd'hui sa triste existence sous le despotisme des rois de Maroc, et demande tous les vendredis à son Dieu de le ramener à Grenade.

FIN DU PRÉCIS HISTORIQUE.

NOTES

DU

PRÉCIS HISTORIQUE.

PREMIÈRE ÉPOQUE.

(1) Page 12. Les historiens espagnols, etc.

Mariana, Garibai, Ferreras, Zurita, sont des historiens très-estimables. Le premier surtout, qui s'était nourri de la lecture des anciens, écrit souvent avec l'éloquence et le talent de Tite-Live : il semble avoir étudié la manière de cet admirable historien, et n'a pas moins de goût que lui pour les prodiges. Tous ces auteurs, en général passionnés pour la gloire de leur nation, sont quelquefois injustes pour les autres peuples : ils oublient souvent que, si l'amour de la patrie est une des premières vertus de l'homme, l'amour de la vérité est le premier devoir d'un écrivain.

(2) *Page* 12. Les écrivains arabes, etc.

Croirait-on que la plupart des historiens arabes ne disent pas un seul mot de la fameuse bataille de Tours ? *Hidjazi* rapporte simplement que Charles, roi des Français, voyant les Arabes au milieu de la France, ne voulut point les combattre, dans l'espoir que leurs divisions les détruiraient. « En effet, ajoute

« cet historien, les Arabes de Damas et de l'Yémen, les Béré-
« bères et les Modarites, se brouillèrent, se firent la guerre,
« et la conquête de la France fut manquée. »

(Cardonne, *Hist d'Afrique,* tome I, page 130.)

Les lacunes qu'on trouve chez eux ont quelquefois des motifs plus puissans que leur vanité : plusieurs de leurs princes, entre autres ceux de la dynastie des *Almoades,* qui régnaient en Afrique dans le douzième siecle, défendirent, sous peine de mort, d'écrire les annales de leur règne. Novaïri rapporte qu'un de ces princes fit punir du dernier supplice un auteur coupable de ce crime. Cette atroce imbécillité semble une espèce de justice que le despotisme se rend à lui-même.

(3) *Page* 13. Dans les romans espagnols, etc.

Les romans qui méritent quelque estime peignent toujours fidèlement les mœurs du peuple chez qui se passe la scène. Celui de *las Guerras civiles de Grenada,* par Ginez Perez de Hita, que je crois traduit, ou au moins imité de l'arabe, à travers des longueurs et du mauvais goût, fait beaucoup mieux connaître les Maures que tout ce qu'on en peut lire dans les historiens espagnols. Il m'a été d'un grand secours pour mon ouvrage ; et je n'ai pas hésité d'y prendre tout ce qui convenait à mon sujet.

J'ai encore trouvé des détails sur les Grenadins dans un immense recueil d'anciennes romances castillanes, intitulé *Romancero general,* dont je parle dans ce Précis. Mais c'est à un littérateur espagnol que j'ai eu les plus grandes obligations : don Juan Pablo Forner, fiscal de sa majesté catholique à l'audience de Séville, et aussi distingué par son érudition que par son talent pour la poésie, a bien voulu m'indiquer les sources où je pouvais puiser, et m'a fourni plusieurs mémoires. Je me plais à publier ma reconnaissance pour don Juan Pablo Forner, qui, me faisant riche de ses lumières, m'a épargné beaucoup de fautes par ses conseils.

NOTES.

(4) *Page* 15. Depuis la fin du sixième siècle, jusqu'au commencement du huitième.

J'ai pris soin de joindre toujours à la date de notre ère la date de l'hégire des Musulmans. Quelques historiens espagnols, comme Garibai, ne sont pas d'accord avec les historiens arabes sur ces années de l'hégire. J'ai cru devoir suivre l'autorité des Arabes, et je m'en suis tenu à la chronologie de M. Cardonne, qui m'a plusieurs fois assuré lui-même avoir mis une grande exactitude dans ce calcul. Je l'ai pourtant quelquefois corrigé par *Ferreras*. Les noms propres arabes, soit par la difficulté de leur prononciation, soit par l'ignorance de l'orthographe, varient encore davantage dans les différens auteurs : alors j'ai toujours choisi les noms les plus connus et les plus doux. Le tableau chronologique des souverains maures, que j'ai mis à la tête de mon livre, doit éclaircir beaucoup de doutes à ce sujet.

(5) *Page* 18. Jusqu'à ce qu'ils embrassent l'islamisme, etc.

Le mot *islamisme* vient d'*eslam*, qui veut dire *consécration à Dieu*. Tout cet abrégé des principes de la religion musulmane n'est composé que de phrases rapprochées, mais prises mot à mot dans le Koran, chapitres *de la Vache, du Voyage des Femmes, de la Fumée, de la Conversion, de la Table*. Ces préceptes s'y trouvent noyés dans une foule d'absurdités, de répétitions, d'idées incohérentes : mais l'ouvrage entier étincelle souvent de verve, et la morale en est pure. Mahomet n'y parle jamais ; c'est toujours l'ange Gabriel qui lui apporte la parole de Dieu ; le prophète écoute et répète. L'ange prend soin d'entrer dans tous les détails qui concernent non-seulement la religion, mais la législation et la police : voilà pourquoi, chez les Musulmans, le Koran est à la fois le code des lois sacrées et civiles. La moitié du livre est en vers, l'autre moitié en prose poétique. Mahomet était un grand poète ; talent si estimé dans l'Arabie, que les peuples se rassemblaient à la Mecque pour juger les différens poëmes que les auteurs venaient afficher sur les murs du temple de la Caaba : le vainqueur était couronné avec une grande solennité. Lorsque Mahomet y fit afficher le second chapitre du Koran, *Labid ben babia,* le plus fameux poète de ce temps, déchira l'ouvrage qu'il avait mis en concurrence, et s'avoua vaincu par le prophète.

(Du Ryer, *Vie de Mahomet ;* Savary, *Trad. du Koran.*)

(6) *Page* 19. **Il mourut à Médine des suites du poison, etc.**

Mahomet ne fut point un monstre de cruauté, comme tant d'écrivains nous l'ont dépeint : il fit souvent grace aux vaincus ; il pardonna même des injures personnelles. Caab, fils de Zohaïr, qui avait été l'un de ses ennemis les plus ardens, et dont la tête était proscrite, osa paraître tout à coup dans la mosquée de Médine, au moment où Mahomet prêchait le peuple. Caab récita des vers qu'il avait faits à la louange du prophète. Celui-ci les entendit avec transport, embrassa Caab, se dépouilla de son manteau et l'en revêtit. Ce manteau fut depuis acheté par un calife, à la famille du poète, la somme de vingt mille drachmes, et devint l'ornement des souverains de l'Asie, qui ne le portaient qu'aux fêtes solennelles.

Les derniers instans de Mahomet prouvent qu'il était bien loin d'avoir une ame cruelle. La veille de sa mort, il se leva, se rendit à la mosquée, appuyé sur le bras d'Ali, monta dans la tribune, fit la prière, et dit ces paroles : « Musulmans, je « vais mourir : personne ne doit plus me craindre. Si j'ai « frappé quelqu'un d'entre vous, voilà mon dos, qu'il me « frappe : si j'ai ravi son bien, voilà ma bourse, qu'il se paie : « si je l'ai humilié, qu'il m'humilie ; je me livre à votre jus- « tice. » Le peuple éclatait en sanglots. Un seul homme vint lui demander trois drachmes. Mahomet, en les payant, voulut y joindre l'intérêt. Ensuite il fit de tendres adieux à ses braves Médinois qui l'avaient si vaillamment défendu; il donna la liberté à ses esclaves, régla l'ordre de ses funérailles, et, quoiqu'il soutint jusqu'au bout le caractère de prophète, en disant, même à l'agonie, qu'il s'entretenait avec l'ange Gabriel, il n'en fut pas moins bon et sensible avec Fatime, sa fille, avec son épouse chérie, Aïezha, avec Ali, Omar, ses disciples et ses amis. La douleur et le deuil furent universels dans l'Arabie: le peuple poussait des hurlemens et se roulait sur la poussière; Fatime mourut de désespoir. Le poison qui termina les jours du prophète lui avait été donné, quelques années auparavant, par une Juive nommée Zaïnab, dont le frère avait été tué par Ali. Cette femme vindicative empoisonna un agneau rôti, qu'elle servit à Mahomet. A peine le prophète en eut mis un morceau dans sa bouche, qu'il le rejeta, en criant que ce mouton était empoisonné. Mais, malgré cette promptitude, malgré les remèdes qu'il fit, le poison était si violent, qu'il en souffrit le reste de sa vie, et en mourut quatre ans après, dans la soixante-troisième année de son âge.

Le respect, la vénération des Orientaux pour Mahomet ne peut se comprendre. Leurs docteurs ont écrit que le monde fut fait pour lui; que la première chose que Dieu créa, fut la lumière, et que cette lumière devint la substance de l'ame de Mahomet, etc., etc. Quelques-uns ont soutenu que le Koran était incréé; d'autres ont adopté l'opinion contraire: de là une foule de commentateurs et de sectes; de là des guerres de religion, qui ont couvert l'Asie de sang.

(Marigny, *Hist. des Arabes;* Savary, *Vie de Mahomet;* d'Herbelot, *Bibliothèque orientale.*)

(7) *Page* 21. Kaled, surnommé *l'Épée de Dieu,* etc.

Les faits d'armes de ce Kaled, rapportés par les historiens les plus authentiques, ressemblent à ceux des héros de roman. D'abord ennemi de Mahomet, il vainquit le prophète au combat d'*Ahen*, le seul où Mahomet ait été vaincu. Devenu depuis zélé Musulman, il soumit les peuples qui se révoltèrent après la mort de Mahomet, battit les armées d'Héraclius, conquit la Syrie, la Palestine, une partie de la Perse, et sortit vainqueur d'une foule de combats singuliers qu'il proposait toujours aux généraux ennemis. Un trait de lui fera connaître son caractère. Il assiégeait la ville de Bostra. Le gouverneur grec, nommé Romain, feignit de vouloir faire une sortie, et vint ranger ses troupes en bataille devant l'armée musulmane. Au moment où le signal allait se donner, il fit demander une conférence à Kaled. Les deux guerriers s'avancèrent aussitôt au milieu de l'espace qui séparait les deux armées. Romain dit au Musulman qu'il était décidé à lui livrer sa ville, et même à embrasser l'islamisme : mais il ajouta qu'il craignait que ses soldats, dont il n'était pas fort estimé, ne voulussent attenter à ses jours, et qu'il suppliait Kaled de lui donner les moyens d'échapper à leur vengeance.

Le meilleur de tous, lui répondit Kaled, c'est de vous battre tout à l'heure avec moi. Cette marque de courage vous attirera le respect de vos troupes, et nous pourrons ensuite traiter ensemble.

A ces mots, sans attendre la réponse de Romain, Kaled tire son cimeterre, et attaque le malheureux gouverneur, qui se défend d'une main tremblante. A chaque coup que lui portait Kaled, Romain lui disait : Voulez-vous donc me tuer ? Non, répondait le Musulman : tout ce que j'en fais n'est que pour vous attirer de l'honneur, et plus vous recevrez de coups, plus vous acquerrez d'estime. Enfin il abandonna Romain tout meurtri, s'empara bientôt de sa ville, et lorsqu'il revit le gouverneur, il lui demanda comment il se portait.

(Marigny, *Hist. des Arabes*, tome I.)

NOTES.

(8) *Page* 22. Les tribus belliqueuses des Bérébères, etc.

Les Bérébères ont donné leur nom à cette partie de l'Afrique que nous appelons *Barbarie*. On les regarde avec beaucoup de vraisemblance comme les descendans des premiers Arabes venus avec Mélek-Yafrid, et confondus avec les anciens Numides. Leur langue, qui diffère de celle des autres peuples, pourrait bien être une corruption de la langue punique ; c'est l'opinion de M. Chénier. Quoi qu'il en soit, les Bérébères existent encore dans le royaume de Maroc, divisés par tribus, errans dans les montagnes, ne s'alliant jamais avec les Maures, qu'ils n'aiment point, soumis au roi de Maroc, comme au chef de leur religion, mais bravant son autorité quand il leur plaît. Redoutables par leur nombre, par leur courage, par leur amour de l'indépendance, ils ont conservé leurs antiques mœurs, que l'on trouvera détaillées au septième livre de mon ouvrage, d'après ce que j'ai trouvé dans *Léon l'Africain, Marmol, M. Chénier*, etc.

(9) *Page* 25. Tarik, l'un des plus grands capitaines, etc.

Tarik vint aborder au mont de Calpé, et prit la ville d'Héraclée, à laquelle les Arabes donnèrent le nom de *Djebel-Tarik*. Nous en avons fait *Gibraltar*.

(10) *Page* 28. Sous le califat d'Yézid II, etc.

Ce calife, le neuvième des Ommiades, eut une fin qui mérite au moins de la pitié. Il s'amusait un jour à jeter des grains de raisin à son esclave chérie, nommé Hababah, qui les recevait dans sa bouche. Malheureusement un de ces grains, beaucoup plus gros en Syrie qu'en Europe, s'arrêta dans le gosier d'Hababah, et l'étouffa sur-le-champ. Yésid, au désespoir, ne voulut jamais permettre qu'on enterrât l'objet de son amour :

il garda son corps huit jours entiers dans sa chambre sans vouloir le quitter un instant. Enfin, obligé par la corruption de consentir à s'en séparer, il mourut de sa douleur, après avoir ordonné qu'on l'inhumât dans le tombeau de sa chère Hababah.

(Marigny, *Hist. des Arabes;* d'Herbelot, *Bibliothèque orientale.*)

SECONDE ÉPOQUE.

(1) Page 35. Ali... bientôt après fut assassiné, etc.

Trois *Karegites* (on appelait ainsi une secte de Musulmans plus fanatiques que les autres), voyant l'empire des Arabes troublé par les querelles d'Ali, de Moavias et d'Amrou, crurent faire une chose agréable à Dieu, et rendre la paix à leur patrie, en assassinant à la fois ces trois rivaux. L'un d'eux courut à Damas, blessa l'usurpateur Moavias par derrière; mais la blessure ne fut pas mortelle : celui qui s'était chargé de tuer Amrou poignarda par une méprise un des amis de ce rebelle. Le troisième vint frapper Ali comme il entrait dans la mosquée; et le vertueux calife fut le seul qui n'échappa point à son assassin.

(Marigny, *Histoire des Arabes,* tome II.)

(2) *Page* 36. Mervan II, le dernier calife ommiade, etc.

Ce Mervan fut surnommé *Alhemar,* c'est-à-dire l'*Ane,* surnom qui, dans l'Orient, n'a rien que de fort honorable, d'après l'estime singulière qu'on a pour ces animaux infatigables et patiens. L'Arioste a pris dans l'histoire de ce calife le touchant épisode d'Isabelle de Galice. Mervan, étant en Egypte, devint épris d'une religieuse chrétienne, et voulut lui faire violence. La chaste fille, pour sauver sa pudeur, lui promit un onguent qui rendait invulnérable, et s'engagea d'en faire l'épreuve sur elle-même. Après s'être frotté le cou de cet onguent, elle dit au calife de frapper hardiment; et le barbare lui coupa la tête.

(D'Herbelot, *Bibliothèque orientale*.)

(3) *Page* 36. Les noms d'Haroun al Raschild, d'Almamon et des Barmécides, etc.

Haroun al Raschild, c'est-à-dire *Haroun le Juste*, obtint une grande gloire dans l'Orient, qu'il dut sans doute en partie, ainsi que son beau surnom, à la protection qu'il accordait aux gens de lettres. Ses victoires et son amour pour les sciences prouvent qu'Haroun n'était pas un homme ordinaire : mais sa cruauté pour les Barmécides ternit l'éclat de ses grandes actions. Cette illustre famille, issue des anciens rois de la Perse, avait rendu les services les plus signalés aux califes, et s'était attiré le respect et l'amour de tout l'empire. Giaffar Barmécide, qui passait pour le plus vertueux des Musulmans et pour le meilleur écrivain de son siècle, était le visir d'Haroun. Il conçut un violent amour pour la belle Abassa, sœur du calife. La princesse aima Giaffar; et le Calife, qui avait pour sa sœur au moins une amitié fort jalouse, vit avec peine ces amours. Cependant il consentit à leur hymen : mais, par un caprice digne d'un despote d'Orient, il exigea que l'amoureux Giaffar lui fît serment de ne jamais user des droits d'époux. L'infortuné s'y soumit, et fut long-temps fidèle à sa promesse. Malheureusement Abassa, dont l'esprit et le talent pour la poésie étaient fort célèbres, lui écrivit un jour ces vers, rapportés par Abou-Agélah, historien arabe, et que je ne fais que rimer :

> La sévère pudeur me prescrivait la loi
> De te cacher le feu qui consume mon ame :
> Mais il éclate malgré moi;
> Je cède en rougissant à ma brûlante flamme.
> Déchire ce billet que je baigne de pleurs :
> Soit de honte ou d'amour il faudra que j'expire.
> Pouvais-je mourir sans te dire
> Que c'est pour toi seul que je meurs?

Giaffar ne se possédant plus, courut chez son épouse, et oublia son serment. Bientôt après, Abassa fut obligée de prendre des précautions pour cacher sa grossesse à son frère. Tout réussit : elle accoucha secrètement d'un fils que l'on envoya nourrir à la Mecque. Quelques années après, Haroun alla faire son pèlerinage dans cette ville, et sut par une esclave perfide toutes les circonstances du parjure de Giaffar. L'atroce Haroun (on aurait peine à le croire, si ce fait n'était authentique dans tout l'Orient) fit jeter sa sœur dans un puits, fit couper la tête à Giaffar, et ordonna qu'on mît à mort tous les parens de l'infortuné Barmécide. Son père Jahiah, vieillard vénérable, adoré de tout l'empire, qu'il avait gouverné long-temps, reçut le trépas avec une constance héroïque. Avant de mourir, il écrivit ce peu de mots au calife :

« L'accusé passe le premier, l'accusateur le suivra dans peu.
« Tous deux paraîtront devant un juge que les procédures ne
« peuvent tromper. »

L'implacable Haroun poussa la démence jusqu'à défendre que l'on parlât des Barmécides. Un Musulman nommé Mundir osa braver cette loi, et fit publiquement leur éloge. Le calife l'envoya chercher, et le menaça du supplice. Vous pouvez, lui répondit Mundir, me faire taire en me donnant la mort, et vous n'avez que ce moyen ; mais vous ne pouvez pas faire taire la reconnaissance de tout l'empire pour ces vertueux ministres ; et les débris mêmes des monumens qu'ils ont élevés, et que vous détruisez, parleront malgré vous de leur gloire.

Haroun, touché de ces paroles, lui fit donner une assiette d'or. Mundir, en la recevant, s'écrie : Voici encore un bienfait des Barmécides !

Tel fut ce fameux Haroun qui portait le surnom de *Juste*.

Almamon son fils n'eut point de surnom, et fut le plus vertueux, le plus sage, le meilleur des hommes. On peut en juger par ce mot de lui. Ses visirs le pressaient de punir de mort un de ses parens qui s'était fait proclamer calife, et avait porté les armes contre lui ; Almamon ne voulut jamais y consentir, et leur

dit les larmes aux yeux : « Ah ! si l'on savait combien j'ai de
« plaisir à pardonner, tous ceux qui m'ont offensé viendraient
« me faire l'aveu de leurs fautes. »

Ce prince adorable fit fleurir les sciences et les beaux-arts :
son règne est la plus belle époque de leur gloire chez les
Arabes.

(Marigny, *Hist. des Arabes*; d'Herbelot, *Bibliothèque orientale*.)

(4) *Page* 38. Des irruptions des Français dans la Catalogne, etc.

Les historiens ne sont point d'accord sur l'époque où Charlemagne vint en Espagne. Il paraît que ce fut sous le règne d'Abdérame I que cet empereur passa les Pyrénées, prit Pampelune, Saragosse, et fut battu dans sa retraite aux défilés de Roncevaux, lieu si célèbre dans les romans par la mort de Roland.

(5) *Page* 43. Un gouvernement où les droits des peuples étaient respectés, etc.

Les anciennes lois d'Aragon, connues sous le nom de *Fore de Sobrarbe*, limitaient la puissance des souverains en lui donnant un contre-poids dans celles des *Ricos Hombres*, et du magistrat qui s'appelait *La Justice*. Tout le monde connaît la formule du serment que les États d'Aragon prêtaient à leur roi : *Nos que valemos tanto como vos, y que podemos mas que vos, os hazemos nuestro rei, con tal que guardeis nuestros fueros; sino, no.*

(6) *Page* 44. L'école célèbre dont les élèves, etc.

L'école de musique fondée à Cordoue par Ali-Zériab, produisit le fameux Moussali, que les Orientaux regardent comme leur plus grand musicien. Cette musique ne consistait point, comme la nôtre, dans l'accord de différens instrumens, mais simplement dans des airs doux et tendres que le musicien chantait en s'accompagnant du luth. Quelquefois on réunissait plusieurs voix et plusieurs luths ensemble pour exécuter les mêmes airs à l'unisson. Cette musique suffisait et suffit encore à des peuples passionnés pour la poésie, et dont le premier besoin, lorsqu'ils écoutent une voix, est d'entendre les vers qu'elle chante. Ce Moussali, qui fut élève d'Ali-Zériab à Cordoue, devint ensuite, par son talent, le favori d'Haroun al Raschild. On raconte que ce calife, s'étant brouillé avec une de ses favorites nommé Mariah, tomba dans une mélancolie qui faisait craindre pour ses jours. Giaffar le Barmécide, son premier visir, pria le poète Abbas-ben-Anaf de faire des vers sur cette brouillerie. Ces vers furent chantés par Moussali devant le calife, qui fut tellement touché des pensées du poète et des accens du musicien, qu'il courut sur-le-champ aux genoux de sa maîtresse demander et donner pardon. Mariah, reconnaissante, envoya vingt mille drachmes d'or au poète et à Moussali ; Haroun leur en fit donner quarante mille.

(Cardonne, *Histoire d'Afrique,* liv. II.)

(7) *Page* 48. La statue de la belle esclave, etc.

Mahomet, par horreur pour l'idolâtrie, défend à son peuple, dans l'Alcoran, toute figure imitée ; mais ce précepte ne fut jamais bien observé. Les califes d'Orient faisaient mettre sur leurs monnaies l'empreinte de leur image, comme on peut le voir dans les médailles que conservent quelques curieux : un des côtés représente la tête du calife ; l'autre porte son nom et des passages de l'Alcoran. Dans les palais de Bagdad, de Cordoue, de Grenade, il y avait plusieurs figures d'animaux, et beaucoup de sculptures en marbre et en or.

(Cardonne, *Hist. d'Afrique,* liv. II.)

(8) *Page* 51. Le roi de l'Europe le plus riche, etc.

On peut juger de cette opulence par le présent que reçut Abdérame III d'un de ses sujets nommé Abdoulmelek-ben-Cheid, qui fut élevé à la dignité de premier visir. Voici quel fut ce présent, tel que le rapporte Ibn Kalédan, historien arabe : 400 livres d'or vierge, 420,000 sequins en lingots d'argent, 420 livres de bois d'aloès, 500 onces d'ambre gris, 300 onces de camphre, 30 pièces de drap d'or et de soie, 10 fourrures de martre du Korasan, 100 autres fourrures de martre plus communes, 48 housses de chevaux traînantes, tissues d'or de Bagdad; 4,000 livres de soie, 30 tapis de Perse, 800 armures de fer pour ses coursiers, 1,000 boucliers, 100,000 flèches, 15 chevaux arabes pour le calife, 100 autres pour ses officiers, 20 mules avec leurs selles et housses traînantes, 40 jeunes garçons et 20 jeunes filles d'une rare beauté.

(Cardonne, *Hist. d'Afrique*, liv. II.)

(9) *Page* 60. Le faible calife.... s'endormait, etc.

C'est à peu près vers ce temps qu'arriva la fameuse aventure des sept enfans de Lara, si célébrée par les historiens et par les romanciers espagnols. Ces jeunes guerriers étaient sept frères, fils de Gonzalve Gustos, propre parent des premiers comtes de Castille, et seigneur de Salas de Lara. Le beau-frère de Gonzalve Gustos, nommé Ruy Velasquez, excité par les horribles conseils de sa femme dona Lambra, qui prétendait avoir à se plaindre du plus jeune des sept frères, médita contre eux une vengeance atroce. Il commença par envoyer leur père Gonzalve en ambassade au roi de Cordoue, avec des lettres particulières dans lesquelles il priait le calife de faire périr cet ennemi des Musulmans. Le calife ne voulut point commettre ce crime ; il se contenta de retenir Gonzalve en prison. Pendant ce temps, le perfide Velasquez, sous prétexte d'aller attaquer les Maures, conduisit ses sept neveux dans une embuscade, où les ennemis les ayant enveloppés, ils périrent tous jusqu'au dernier, après des exploits admirables et avec des circonstances qui rendent cette histoire infiniment touchante. Cet oncle barbare envoya les têtes des sept infortunés dans le palais de Cordoue, et les fit présenter à leur père dans un plat d'or couvert d'un voile. Le père, en découvrant ce plat, tomba privé de sentiment. Le calife, indigné contre Velasquez, rendit à Gonzalve la liberté. Mais Velasquez était trop puissant pour que Gonzalve pût espérer de le punir. Il le tenta vainement ; la vieillesse lui avait ôté ses forces. Solitaire avec son épouse, il pleurait ses enfans, et demandait au ciel de les suivre au tombeau, lorsqu'il lui vint un vengeur sur lequel il ne comptait pas.

Gonzalve, pendant qu'il était prisonnier à Cordoue, avait été l'amant heureux de la sœur du roi musulman. Cette princesse, après son départ, était accouchée d'un fils qu'elle avait appelé *Mudarra Gonzalve*. Parvenu à l'âge de quinze ans, ce fils, instruit du nom de son père et du forfait de Velasquez, ce fils, né pour être un héros, résolut de venger ses frères. Il part de Cordoue, va défier Velasquez, le tue, lui coupe la tête, et la porte au vieillard Gonzalve, en lui demandant de le reconnaître et de le faire Chrétien. L'épouse de Gonzalve consentit avec transport à devenir la mère de ce brave bâtard. Mudarra fut adopté solennellement par les deux époux. La femme de Velasquez fut lapidée et brûlée. C'est de ce Mudarra Gonzalve que se prétendent issus les Manriques de Lara, l'une des plus grandes maisons d'Espagne.

(Mariana, *Hist. d'Espagne,* liv. VIII, chap. 6; Garibai, *Compend. Hist.,* tom. I, lib. 10.)

TROISIÈME ÉPOQUE.

(1) Page 64. *Trois évêques de Catalogne*, etc.

Ces trois évêques, morts en combattant pour les Musulmans à la bataille d'Albakara, donnée en 1010, étaient Arnaulphe, évêque de Vic, Accio, évêque de Barcelone, et Othon, évêque de Girone.

(Mariana, *Hist. d'Espagne*, liv. VIII, chap. 10.)

(2) *Page* 68. *Toujours prêt, dans sa faveur*, etc.

Rodrigue Dias de Bivar, surnommé *le Cid*, si connu par ses amours avec Chimène et son duel avec le comte de Gormas, a été le sujet de beaucoup de poëmes, de romans et de romances espagnoles. Sans adopter toutes les anecdotes extraordinaires que ces différens ouvrages rapportent de ce héros, il est prouvé, par le témoignage des historiens, que le Cid fut non-seulement le plus brave, le plus redouté des chevaliers de son siècle, mais le plus vertueux, le plus généreux des hommes. Il s'était déjà rendu célèbre par ses exploits sous le règne de Ferdinand I, roi de Castille, en 1050. Lorsque son fils Sanche II voulut dépouiller sa sœur Urraque de la ville de Zamora, le Cid, avec une noble hardiesse, lui représenta qu'il faisait une injustice, et qu'il violait à la fois les droits du sang et les lois de l'honneur. L'impétueux Sanche exila le Cid, qu'il rappela bientôt par besoin. Quand la mort de ce Sanche, tué en trahison devant Zamora, eut donné le trône à son frère Alphonse VI, les Castillans désiraient que le nouveau roi jurât solennellement qu'il n'avait eu aucune part à l'assassinat de son frère. Personne n'osait demander au monarque ce redoutable serment : le Cid, à l'autel même où Alphonse était couronné, le lui fit prononcer, en y mêlant des malédictions horribles contre les parjures. Alphonse ne lui pardonna jamais cette liberté : il exila bientôt le Cid, sous prétexte qu'il était entré sur les terres du roi de Tolède Almamon, son allié, où Rodrigue avait, par mégarde, poursuivi quelques fuyards. Ce fut le temps de cet exil qui devint l'époque la plus glorieuse pour le Cid ; ce fut alors qu'il fit tant de conquêtes sur les Maures, aidé seulement des braves chevaliers que sa réputation attirait sous ses drapeaux. Alphonse le rappela, lui rendit en apparence ses bonnes graces : mais Rodrigue était trop franc pour soutenir long-temps la faveur. Banni de nouveau de la cour, il alla conquérir Valence ; et, maître de cette forte ville, de beaucoup d'autres, d'un vaste pays, il ne tenait qu'à Rodrigue de se faire souverain : jamais il ne le voulut ; il fut toujours le sujet fidèle d'Alphonse, quoique Alphonse l'eût souvent offensé. Le Cid mourut à Valence en 1099, chargé de gloire et d'années. Il n'avait eu qu'un seul fils, qui fut tué jeune dans un combat. Ses deux filles, dona Elvire et dona Sol, épousèrent deux princes de la maison de Navarre ; et, par une longue suite d'alliances, elles se trouvent les aïeules des Bourbons qui règnent aujourd'hui en France et en Espagne.

(Mariana, *Hist. d'Espagne*, liv. IX et X ; Garibai, *Compend. Hist.*, tom. II, lib. 2.)

(3) *Page* 69. Plus féroces, plus sanguinaires, etc.

L'histoire d'Afrique est une suite continuelle de meurtres. Les circonstances les plus atroces les accompagnent et les varient sans cesse : on frémit d'horreur à toutes les pages ; et, si l'on jugeait l'humanité d'après ces sanglantes annales, on serait tenté de penser que de toutes les bêtes féroces l'homme est la plus méchante et la plus cruelle. Dans la foule des scélérats africains qui portèrent la couronne on distingue un *Abou Ishak*, de la race des *Aghlébites*, qui, après avoir fait égorger huit de ses frères, se plaisait à verser lui-même le sang de ses propres enfans. La mère de ce monstre parvint avec peine à dérober à sa fureur seize jeunes filles qui lui étaient nées, en différens temps, de ses nombreuses épouses. Un jour, dînant avec Ishak, cette mère, qui croyait avoir besoin de pardon, saisit le moment où son fils semblait regretter de n'avoir plus d'enfans : tremblante, elle lui avoua qu'elle avait sauvé seize de ses filles. Le tigre parut attendri, et désira de les voir. Elles vinrent : leur âge, leurs graces, touchèrent le féroce Ishak; il les caressa long-temps. Sa mère, pleurant de joie, se retira pour aller remercier Dieu de ce changement. Une heure après, des eunuques vinrent lui porter, par ordre du roi, les seize têtes des jeunes princesses.

Je pourrais citer plusieurs traits pareils de cet exécrable Ishak, attestés par les historiens. Il régna long-temps, fut heureux dans toutes ses guerres, et mourut de maladie.

(Cardonne, *Hist. d'Afrique*, liv. III.)

Le temps n'a point affaibli cette férocité sanguinaire qui semble dans les Africains être un vice inhérent au climat. De nos jours, *Mulei Abdalla*, le père de *Sidi Mahomet*, le dernier roi de Maroc, a renouvelé ces scènes d'horreur. Il pensa se noyer un jour en traversant une rivière. Un de ses nègres le secourut, et se félicitait d'avoir eu le bonheur de sauver son maître. Mulei l'entendit, et tirant son sabre : *Voyez*, dit-il, *cet infidèle qui croit que Dieu avait besoin de lui pour conserver les jours d'un chérif !* En disant ces mots, il lui fendit la tête.

Ce même Mulei avait un domestique de confiance qui le servait depuis long-temps, et que ce roi barbare semblait aimer. Dans un moment de franchise, il pria ce vieux serviteur d'accepter deux mille ducats et de s'en aller, de peur qu'il ne lui prît envie de le tuer comme tant d'autres. Le vieillard embrassa ses genoux, refusa les deux mille ducats, et lui dit avec des sanglots qu'il aimait mieux périr de sa main que d'abandonner son cher maître. Mulei y consentit avec peine. Quelques jours après, sans aucun motif, pressé de cette soif de sang dont les accès redoublaient quelquefois, Mulei tua d'un coup de fusil ce malheureux domestique, en lui disant qu'il avait mal fait de ne pas accepter son congé.

(*Recherches historiques sur les Maures,* par M. Chénier, tome III.)

Ces traits sont pénibles à rapporter; mais ils font connaître les mœurs, donnent de l'horreur pour le despotisme, et de l'amour pour les lois; ce qui n'est jamais inutile.

(4) *Page* 73. Et jouit de la double gloire, etc.

Averroès était de Cordoue, d'une des premières familles de cette ville. Sa traduction d'Aristote fut mise en latin; et nous n'avons eu pendant long-temps que cette version. Ses autres ouvrages, *de Natura orbis, de Re medica,* sont encore estimés des savans. Averroès est regardé avec raison comme le premier des philosophes arabes. Ils ne sont pas nombreux chez cette nation, où les prophètes et les conquérans ont été communs. Sa philosophie lui attira des malheurs. L'indifférence qu'il affectait pour toutes les religions, à commencer par la sienne, excita contre lui les prêtres, les fanatiques, surtout ceux que ses talens rendaient jaloux; ils l'accusèrent devant l'empereur de Maroc d'être un hérétique. Averroès fut condamné à faire amende honorable à la porte de la mosquée, et à recevoir sur le visage les crachats de tous les fidèles qui viendraient prier pour sa conversion. Il subit cet humiliant supplice en répétant ces paroles : *Moriatur anima mea morte philosophorum!*

(5) *Page* 79. Et brise les chaînes de fer, etc.

Ce roi de Navarre était Sanche VIII, surnommé *le Fort.* Ce fut en mémoire de ces chaînes brisées par lui à la bataille de Toloza, qu'il fit ajouter aux armes de Navarre les chaînes d'or qu'on y voit sur le champ des gueules.

(6) *Page* 83. Cousin germain de saint Louis, etc.

Blanche, mère de saint Louis, était fille d'Alphonse-le-Noble, roi de Castille. Elle avait une sœur nommée Bérengère, mariée au roi de Léon, et mère de Ferdinand III. Plusieurs historiens, entre autres Mariana et Garibai, soutiennent que Blanche était l'aînée de Bérengère ; par conséquent, saint Louis eût été l'héritier direct du trône de Castille. La France a conservé long-temps cette prétention. D'autres disent que Bérengère était l'aînée. Il est étonnant que ce point d'histoire n'ait pas été éclairci : mais il est simple que les droits de Ferdinand aient prévalu, puisqu'ils étaient soutenus par l'amour des Castillans.

NOTES.

QUATRIÈME ÉPOQUE.

(1) PAGE 100. Alphonse-le-Sage.... monta sur le trône.

C'est cet Alphonse-le-Sage qui disait en badinant que, *s'il avait été du conseil de Dieu dans le temps de la création, il lui aurait donné de bons avis*. Cette plaisanterie lui a été durement reprochée par les historiens. Alphonse-le-Sage était grand astronome. Ses *Tables alphonsines* lui ont acquis beaucoup de réputation. Son recueil des lois, intitulé *Las Partidas*, prouve que le bonheur de son peuple l'occupait autant que l'étude. C'est dans ce recueil qu'on trouve ces mots remarquables, écrits par un roi dans le treizième siècle : *Le despote arrache l'arbre, le sage monarque l'émonde*.

(2) *Page* 102. De se faire élire empereur, etc.

Alphonse-le-Sage avait été élu empereur en 1257; mais il était trop loin de l'Allemagne, et trop occupé chez lui pour soutenir cette élection. Il fit pourtant, en 1273, un voyage à Lyon, où le pape Grégoire X était alors, pour plaider sa cause devant ce pontife. Le pape décida pour Rodolphe de Habsbourg, tige de la maison d'Autriche. Ainsi les papes donnaient les couronnes.

(*Révolutions d'Espagne*, tome I, liv. III.)

(3) *Page* 109. Sanche.... n'en régna pas moins après lui, etc.

Ce Sanche, surnommé *le Brave*, qui porta les armes contre

son père, et parvint au trône après lui, n'était que le second fils d'Alphonse-le-Sage. L'aîné, Ferdinand de *la Cerda*, prince doux et vertueux, était mort à la fleur de ses jours, laissant au berceau deux enfans qu'il avait eus de son épouse Blanche, fille de saint Louis, roi de France. Ce fut pour priver ces enfans de leurs droits à la couronne que l'ambitieux Sanche fit la guerre à son père. Il réussit dans ses criminels desseins : mais les princes de la Cerda, protégés par la France, par l'Aragon, et ralliant autour d'eux tous les mécontens de Castille, furent la cause ou le prétexte de longues et sanglantes divisions.

(Mariana, tome I, livre XIV, Garibai, Ferreras, etc.)

(4) *Page* 111. Ferdinand IV, surnommé *l'Ajourné*, etc.

Ferdinand IV, fils et successeur de Sanche-le-Brave, était encore enfant lorsqu'il monta sur le trône. Sa minorité fut très-orageuse ; mais le génie et les grandes qualités de la reine Marie, sa mère, vinrent à bout de calmer les factions. Il fut surnommé *l'Ajourné,* parce que ayant, dans un accès de colère, fait précipiter du haut d'un rocher deux frères du nom de *Carvajal*, accusés et non convaincus d'un assassinat, ces deux frères, au moment de mourir, protestèrent de leur innocence, en appelèrent aux lois et à Dieu, et *ajournèrent* l'emporté Ferdinand à comparaître dans trente jours devant le juge des rois. A cette époque précise, Ferdinand, qui marchait contre les Maures, se retira pour dormir après son dîner, et fut trouvé mort sur son lit. Les peuples d'Espagne ne doutèrent point que ce trépas subit ne fût un effet de la justice divine. Il eût été utile que les rois ses successeurs, et surtout Pierre-le-Cruel, en fussent persuadés.

(Mariana, tome I, liv. XV, chap. 11.)

(5) *Page* 112. Retiré dans les murs de Tariffe, etc.

Après que Sanche-le-Brave se fût emparé de Tariffe, les Africains vinrent l'assiéger. Ce fut pendant ce siège qu'Alphonse de Gusman, gouverneur de la ville pour les Espagnols, donna un exemple d'héroïsme digne de l'ancienne Rome, mais qui ne peut pas être jugé par les cœurs paternels. Le fils de Gusman fut pris dans une sortie. Les assiégeans le conduisirent sous les murailles, et menacèrent le gouverneur d'immoler ce fils, s'il ne se rendait sur-le-champ. Gusman, pour toute réponse, leur jette un poignard, et se retire des créneaux. Un moment après, il entend les Espagnols pousser de grands cris : il accourt en demandant la cause de cette alarme : on lui dit que les Africains viennent d'égorger son fils. *Dieu soit loué*, répondit-il ; *j'avais pensé que la ville était prise.*

(*Révolutions d'Espagne*, tome I, liv. IV.)

(6) *Page* 118. La célèbre Inès de Castro, etc.

La passion de Pierre de Portugal pour Inès de Castro fut portée à un tel excès, qu'elle excuse peut-être les atrocités que Pierre exerça contre les meurtriers de sa maîtresse. Ces meurtriers étaient trois principaux seigneurs portugais, nommés Gonzalès, Pachéco et Coëllo ; ils l'avaient poignardée eux-mêmes entre les bras de ses femmes. Pierre, qui n'était alors que prince de Portugal, sembla dès ce moment perdre la raison ; et de vertueux et doux qu'il avait été jusqu'alors, il devint féroce et presque insensé. Il prit les armes contre son père, il mit à feu et à sang les provinces où les assassins avaient des biens ; et, dès qu'il fut monté sur le trône, il exigea du roi de Castille, Pierre-le-Cruel, qu'il lui livrât Gonzalès et Coëllo, qui s'étaient réfugiés chez lui. Pachéco était en France, où il mourut. Pierre, maître de ses ennemis, leur fit subir les supplices les plus douloureux, leur fit arracher le cœur tandis qu'ils étaient encore vivans, et voulut assister lui-même à cet horrible spectacle. Après avoir assouvi sa vengeance, cet amant forcené, de douleur et d'amour, exhuma le corps d'Inès, le revêtit d'habits magnifiques, posa sa couronne sur ce front livide et défiguré, la proclama reine de Portugal, et força les grands de sa cour à venir lui rendre leurs hommages.

(*Hist. de Portugal,* par Lequien de la Neuville, livre II.)

(7.) *Page* 120. **La plupart des ouvrages de ces auteurs grenadins périrent, etc.**

Après la prise de Grenade, le cardinal Ximenès fit brûler tous les exemplaires de l'Alcoran qu'il put se procurer. Les soldats, ignorans ou superstitieux, prenaient pour l'Alcoran tout ce qui était écrit en arabe; et jetèrent au feu une foule d'ouvrages en prose et en vers.

(8) *Page* 135. **Les Abencerrages, tribu puissante, etc.**

Les habitans de Grenade, et tous les Maures en général, étaient divisés en tribus, composées des rejetons de la même famille. Ces tribus étaient plus ou moins nombreuses, plus ou moins considérées, mais elles ne se confondaient point et ne se divisaient jamais. Chacune de ces tribus avait un chef, qui était le descendant en droite ligne masculine de la première tige de la famille. A Grenade, il y avait trente-deux tribus distinctes. Les plus renommées étaient celles des *Abencerrages,* des *Zegris,* dont il est beaucoup parlé dans cet ouvrage, des *Alabez,* des *Almorades,* des *Vanegas,* des *Gomelès,* des *Abidbars,* des *Ganzuls,* des *Abenamars,* des *Aliatars,* des *Reduans,* des *Aldoradins,* etc. Elles étaient souvent ennemies les unes des autres, et cette haine se transmettait de père en fils, ce qui rendait si fréquentes les guerres civiles.

(9) *Page* 138. **Isabelle.... épousa le roi de Sicile, Ferdinand, etc.**

Le mariage de Ferdinand et d'Isabelle se fit d'une manière singulière. Isabelle, après avoir été accordée avec le prince de

Viane, don Carlos, frère aîné de Ferdinand, et dont la vie et les malheurs sont si intéressans dans l'histoire d'Espagne, après avoir été promise au grand-maître de Calatrave Pachéco, recherchée par Alphonse, roi de Portugal, par le duc de Guienne, frère de Louis XI, roi de France, par le frère d'Édouard, roi d'Angleterre, Isabelle se décida pour le jeune Ferdinand, héritier du trône d'Aragon, et déjà roi de Sicile. Il fallait tromper le roi de Castille, Henri IV, qui s'opposait formellement à ce mariage. L'archevêque de Tolède Carillo, qui consuma sa longue vie dans les intrigues et dans les factions, se chargea de tout arranger. Il enleva d'abord Isabelle de la cour du roi son frère, et la mit en sûreté à Valladolid. Ensuite il fit arriver dans le plus grand secret le jeune Ferdinand, déguisé, suivi seulement de quatre cavaliers. Le mariage se fit tout de suite, le plus simplement et le plus secrètement possible. Les nouveaux époux, qui devaient un jour être maîtres des trésors du Nouveau-Monde, furent obligés d'emprunter à leurs serviteurs de quoi payer les modiques frais de leurs noces. Ils se séparèrent peu après, et dès que le roi de Castille eut appris cet événement, les troubles, les factions, les guerres civiles, éclatèrent.

Isabelle était un peu plus âgée que Ferdinand. Elle était petite, mais bien faite. Ses cheveux, au moins très-blonds, ses ses yeux verts et pleins de feu, son teint un peu olivâtre, ne l'empêchaient pas d'avoir un visage imposant et agréable. Ferdinand était de taille moyenne ; il avait le teint fort brun, les yeux noirs et vifs, l'air grave et toujours calme. Sobre à l'excès, il ne mangeait que de deux mets, et ne buvait que deux fois dans ses repas. Leur caractère moral est connu dans toutes les histoires.

(*Révolutions d'Espagne,* tome IV, liv. 8 ; Mariana, *Histoire d'Espagne,* tome II, liv. 25 ; *Histoire de Ferdinand et d'Isabelle,* par M. l'abbé Mignot, etc.)

(10) *Page* 150. Le beau précepte de l'aumône, etc.

L'aumône est un des plus grands préceptes de la religion des Mahométans. Plusieurs paraboles la leur commandent, entre autres celle-ci, que je ne puis m'empêcher de rapporter : « Le « souverain juge, au dernier jour, attachera autour de celui qui « n'aura point fait l'aumône un effroyable serpent, dont le dard « piquera sans cesse sa main avare qui ne s'ouvrit point pour les « malheureux. »

(*Religion de Mahomet,* etc. Réland, *dixième leçon.*)

(11) *Page* 151. Tourmentèrent de nouveau les Maures, etc.

Les édits de Charles-Quint, renouvelés et rendus plus sévères par Philippe II, réformaient entièrement la façon de vivre des Maures, leur prescrivaient d'adopter l'habit et la langue espagnole, défendaient à leurs femmes d'aller voilées, leur interdisaient l'usage des bains, les danses de leur pays, et ordonnaient que tous leurs enfans, depuis cinq ans jusqu'à quinze, fussent enregistrés pour être envoyés dans les écoles catholiques, etc.

(*Recherches historiques sur les Maures,* par M. Chénier, tome II ; *Guerra de Grenada,* de D. Diego de Mendoza, lib. I.)

FIN DES NOTES.

GONZALVE DE CORDOUE.

LIVRE PREMIER.

Exposition du sujet. Hommage à la nation espagnole. Isabelle et Ferdinand assiègent Grenade. Peuples et héros qui les accompagnent. Caractère de Ferdinand et d'Isabelle. Portrait de Gonzalve. Il est ambassadeur à Fez. Amour de Gonzalve pour une inconnue. Amitié de Gonzalve et de Lara. Description de l'Afrique. Le roi de Fez trompe Gonzalve. Le héros lui fait signer la paix. Danger de Gonzalve. Il est sauvé par un vieux captif. Il s'échappe dans une barque. La barque est brisée par la tempête. Gonzalve gagne un vaisseau. Rencontre qu'il y fait. Combat et victoire du héros. Il est blessé. Il arrive à Malaga.

Chastes nymphes, vous qui baignez les tresses de vos longs cheveux dans les eaux limpides du Guadalquivir; vous qui, sous l'ombrage des orangers, cueillez des fleurs toujours renaissantes sur les verts gazons de l'Andalousie, venez m'inspirer aujourd'hui, venez m'apprendre à célébrer les héros de vos rivages ; retracez-moi les sanglans combats livrés sous les murs de Grenade, et les victoires de Gonzalve, et ses amours, et ses malheurs. Redites comment le courage d'Isabelle et la prudence de Ferdinand délivrèrent enfin l'Espagne de ces anciens usurpateurs, comment les discordes civiles préparèrent la ruine des Maures. Animez surtout vos récits de cette grace noble et touchante, de cette imagination féconde dont votre heureux pays est la patrie ; cachez le front austère de la vérité sous les guirlandes qui couronnent vos têtes : mais en parlant aux ames tendres, des peines, des plaisirs qu'elles ont éprouvés, rappelez à tous les rois du monde que les seuls soutiens de leur trône sont la justice et la vertu.

O vous, généreux Espagnols, peuple vaillant et magnanime, dont les amans passionnés serviront toujours de modèles aux cœurs sensibles et constans, vous, dont les guerriers indomptables ont soumis assez de régions pour que le soleil étonné ne cesse jamais d'éclairer vos conquêtes, je vous consacre des récits où vous trouverez les deux sentimens idoles de vos grandes ames, l'honneur sacré, le brûlant amour. Ne dédaignez pas mon hommage : il est pur, il est le premier peut-être qu'un étranger, qu'un Français ait offert à votre nation, jadis rivale de la nôtre, aujourd'hui sa fidèle amie.

Isabelle régnait en Castille, l'Aragon obéissait à Ferdinand. Ces deux souverains, liés par un heureux hyménée, avaient uni leurs couronnes sans confondre leurs Etats. Tous deux à la fleur de l'âge, tous deux également pressés d'un ardent désir de gloire, voyaient avec indignation les plus beaux pays des Espagnes soumis encore aux Musulmans. Huit siècles de combats n'avaient pu suffire pour arracher aux enfans d'Ismaël toutes les conquêtes de leurs aïeux. Souvent vaincus, jamais terrassés, ils possédaient les délicieux rivages que baigne la mer d'Afrique, depuis les colonnes d'Alcide jusqu'au tombeau des Scipions. Grenade était leur capitale, et les seuls Etats de Grenade rendaient Boabdil un puissant monarque.

Mais le féroce Boabdil avait provoqué le courroux d'Isabelle. Des traités violés, des excursions dans l'Andalousie, avaient avancé le jour des vengeances; et la trompette guerrière s'était fait entendre de l'embouchure du Bétis jusqu'à la source de l'Ebre : toutes les Espagnes en furent émues. Ferdinand se pressa d'accourir avec ses fiers Aragonais : l'indocile Catalan, le fougueux Valencien, l'adroit Baléare, suivirent ses pas ; les agrestes Asturiens descendirent de leurs montagnes ; l'antique Léon rassembla ses phalanges ; les fidèles Castilles volèrent aux armes ; et les époux rois, maîtres bientôt de la plupart des places qui défendaient l'approche de Grenade, assiégeaient enfin ses remparts.

Jamais tant d'illustres chefs ne menacèrent une seule ville; jamais dans un même camp ne se réunirent tant de héros. Là, se distinguaient les Mendoze, les Nugnez et les Medina; Gusman, l'orgueilleux Gusman, si fier de descendre des rois, Aguilar, qui croit la vertu plus ancienne que la noblesse; Fernand Cortez, à peine sorti de l'enfance, et maniant pour la première fois le fer qui doit soumettre le Mexique; l'aimable prince de Portugal, Alphonse, gendre d'Isabelle ; Alphonse, qui doit coûter tant de pleurs à la malheureuse épouse condamnée à lui survivre; et l'invincible Lara, l'ami, le soutien du faible opprimé, Lara, cher à sa patrie dont il est l'honneur, plus cher encore à l'amitié, dont il est le touchant modèle; et le vénérable Tellez, qui, sous ses cheveux blanchis, conserve un jeune courage, et conduit depuis cinquante ans l'escadron indompté des chevaliers de Calatrave; une foule d'autres guerriers, la fleur, la gloire des Espagnes, qui tous ont reconnu pour chef l'heureux monarque époux d'Isabelle, qui tous ont juré de mourir ou de vaincre sous Ferdinand.

Ferdinand retient leur vaillance, et veut différer les assauts. Habile dans cet art profond de diviser pour régner, de préparer la victoire avant de marcher au combat, il a fomenté dans Grenade les dissensions qui l'ont déchirée : il prit soin d'affaiblir un peuple qu'il devait bientôt attaquer. Impénétrable dans ses desseins, constant à les suivre en silence, Ferdinand, par de longs circuits, s'avance toujours au succès. Les obstacles ne l'irritent point, sa prudence les a tous prévus : l'avenir ne peut le surprendre, sa sagesse l'a rendu certain. Actif, patient, infatigable, rival du plus brave à la guerre, sans rivaux dans les conseils, son bras fixerait la fortune ; mais son génie a su l'enchaîner.

La fière Isabelle ne veut que vaincre. Animée d'un ardent amour pour sa religion et pour son peuple, elle poursuit dans le Maure l'irréconciliable ennemi de sa nation et de sa foi. L'honneur lui dit de voler aux combats, l'honneur est sa seule prudence ; sa grande ame n'a jamais besoin de cacher un seul sentiment. Accoutumée à rendre compte à Dieu de ses plus secrètes pensées, elle craint peu les yeux des hommes ; elle marche le front levé, appuyée sur sa vertu. Généreuse, altière, sensible, sévère pour elle, juste pour tous, exemple, idole de ses sujets, son conseil est dans ses devoirs, sa force est dans son courage, son espoir dans l'Eternel.

Déjà le sang des deux partis avait rougi les campagnes ; déjà, depuis le commencement du siège, le soleil avait parcouru près de la moitié de son cours, et rien n'annonçait encore que Grenade fût affaiblie. Elle semblait, au contraire, reprendre de nouvelles forces, depuis que le plus grand des Espagnols, le plus intrépide, le plus redouté, Gonzalve, n'était plus au camp : Gonzalve, qui n'a pas atteint son cinquième lustre, et que les vieux capitaines consultent avec respect; Gonzalve, dont le bras terrible n'a jamais trouvé d'adversaire qui fît balancer la victoire, et dont les vertus aimables se font adorer même des vaincus. Né dans Cordoue, élevé parmi les guerres éternelles de Grenade avec ses voisins, les combats ont été ses jeux, les dépouilles maures son héritage. Dès son enfance, il sut vaincre et plaire. La nature, pour lui prodigue, voulut le combler de ses dons. Couvert de l'acier, le front ceint du casque, sa taille haute, son air de grandeur, sa force au-dessus de l'humaine, son courage au-dessus de sa force, le rendent l'effroi des guerriers : désarmé, sa beauté, sa grace, son regard pénétrant et doux, ses traits où semble se confondre la noblesse avec la bonté, attirent, entraînent les cœurs. Ses rivaux, loin de lui jaloux, n'osent plus l'être en sa présence; et le désespoir de l'envie se change en besoin de l'aimer.

Gonzalve était alors victime de la plus basse des perfidies. Le monarque de Fez, Séid, sollicité par les Grenadins, avait menacé de ses armes les rivages de l'Andalousie. Les rois, pour n'être pas distraits de leur conquête, désiraient la paix avec l'Africain. Les conditions en furent offertes; mais instruit par la renommée du grand nom de Gonzalve, Séid demanda que ce Castillan vînt comme ambassadeur à sa cour; Séid refusa de traiter avec tout autre que ce fameux guerrier. Isabelle hésita long-temps : la crainte d'un nouvel ennemi, l'assurance qu'un prompt retour lui rendrait bientôt son héros, la déterminèrent enfin. Gonzalve, instruit dès-long-temps dans la langue, dans les mœurs arabes, fut chargé par ses souverains d'aller assurer leur repos. Un vaisseau le porta dans Fez, où le perfide Séid, à la prière de Boabdil, le retenait sous divers prétextes, différait de signer la paix, et faisait ainsi respirer Grenade.

Incapable de défiance, mais irrité de ces longs délais, Gonzalve se plaint d'un honneur qui rend oisif son courage. La gloire dont il est avide ne fait pas seule soupirer son cœur : une passion plus vive et moins heureuse l'occupe, le remplit tout entier : l'amour, le redoutable amour a subjugué cette ame si fière; et c'est au milieu des alarmes, au sein même de la victoire, que ce héros connut son pouvoir.

Peu de temps avant le siège, Gonzalve, vainqueur

des Maures, arrive au pied de leurs remparts, triomphe de nouveau, pénètre dans leur ville, porte la terreur et la mort jusqu'au centre de Grenade. Tout tombe, tout fuit devant lui; un long ruisseau de sang marque sa course. Si ses Castillans eussent pu le suivre, c'en était fait, dans ce seul jour, et de Boabdil et de son empire; mais Zuléma, la sœur du roi, la fille du vertueux Mulei-Hassem, Zuléma, qui dès son aurore effaçait toutes les beautés de l'Afrique et de l'Ibérie, sort au milieu d'un peuple effrayé, demeure éperdue à l'aspect du carnage, et, tremblante, tombe à genoux sur les degrés du palais des rois. Les bras étendus vers le ciel, le visage baigné de larmes, elle invoque le Tout-Puissant, lui demande avec des sanglots d'éloigner ce guerrier terrible qui marche suivi du trépas. Au même instant Gonzalve paraît, le glaive à la main, tout couvert de sang, se frayant une large route à travers les victimes et les fuyards. Il court, vole, voit la princesse...., et son épée reste suspendue; sa main arrête son coursier fougueux. Immobile d'admiration, il contemple ces traits ravissans que la douleur semble embellir encore, ces yeux dont le brillant azur attendrit et brûle à la fois, et ce front où la majesté s'unit à la pudeur timide, et ces longues tresses d'ébène, dont la moitié flotte en désordre, mêlée avec un voile de pourpre, dont l'autre, abreuvée de pleurs, tombe et repose sur le marbre. Toutes les graces réunies, tous les attraits dont la nature se plaît à parer l'aimable vertu, ornaient la jeune Zuléma. Telle, et moins belle peut-être, parut la sensible Chimène lorsqu'elle vint implorer son roi contre un héros qu'elle adorait.

Gonzalve, frappé d'un trait dont la blessure doit être éternelle, enivre ses yeux et son cœur des doux poisons de l'amour. Il tremble, il soupire, il brûle; il sent son ame tout entière pénétrée d'un feu dévorant. Oubliant à la fois Grenade, la guerre, les dangers qu'il court, il va descendre de son coursier, il va rassurer la princesse : mais les ennemis ralliés, fondent sur lui de toutes parts. Mille coups redoublés sur ses armes l'arrachent à ses tendres pensées. Il revient à lui, veut combattre, et ne retrouve plus sa première ardeur. Il cède au nombre, il se retire en regardant toujours Zuléma, en repoussant d'une faible main les atteintes qui le menacent, en négligeant sa gloire et sa vie pour jeter encore un coup d'œil à celle qu'il ne peut quitter, à celle de qui désormais vont dépendre ses destinées. Il sort enfin, vaincu, subjugué, de cette ville où naguère on l'avait vu pénétrer comme un indomptable conquérant.

Depuis ce jour, le triste Gonzalve nourrit un amour sans espoir dans les chagrins et dans l'amertume. Il ignore le nom de celle qu'il aime : il tremble qu'elle ne soit l'épouse ou l'amante de quelque héros; et, quand sa crainte serait vaine, peut-il se flatter de lui plaire, lui le plus terrible ennemi de sa religion, de son peuple, lui le fléau de Grenade, et qui s'est offert devant elle le bras teint du sang de ses défenseurs? Il n'a pas levé sa visière; elle n'a pu lire dans ses regards son amour, sa douleur profonde, le repentir de ses exploits. A peine ose-t-il conserver l'espoir de la revoir encore : mais, sans cesse avec son image, il la porte partout avec lui : dans les combats, dans le repos, dans le tumulte, dans la solitude, il voit toujours cette image adorée; il contemple cette beauté céleste à genoux devant ce palais, élevant ses mains, ses yeux vers le ciel; il entend sa voix gémissante; il distingue ses tendres accens, et croit recueillir de ses lèvres les larmes qui couvraient son visage.

Heureusement pour Gonzalve, la douce amitié partage ses maux. Lara, le sensible Lara, aime Gonzalve plus que la vie, autant que la gloire. Unis dès leur première enfance, élevés dans la même ville, ou plutôt dans les mêmes camps, ils apprirent ensemble à combattre, ils marchèrent d'un pas égal dans la carrière des héros. Jamais ils n'eurent un sentiment qui ne fût commun à tous deux; toujours les intérêts, les désirs de l'un occupaient, tourmentaient son ami plus fortement que lui-même. Ils ne s'estimaient à leurs propres yeux que par les vertus de celui qu'ils aimaient. Si Lara connaissait l'orgueil, c'était en parlant de Gonzalve : si Gonzalve cessait d'être modeste, c'était en racontant les exploits de Lara. Leurs ames se cherchaient sans cesse; elles ne possédaient toutes leurs facultés qu'après s'être rencontrées : jusqu'à cet heureux moment rien ne pouvait les toucher; et leurs plus secrètes pensées étaient un poids au-dessus de leurs forces, dont ils couraient se délivrer en se les communiquant. Ainsi deux peupliers nouveaux s'élancent de deux tiges voisines, croissent en unissant leurs branches, s'appuient l'un sur l'autre, s'élèvent ensemble, confondent leurs jeunes ombrages, et dominent les bois d'alentour.

Oh! combien ils versèrent de larmes lorsqu'il fallut se séparer! combien leurs adieux furent tendres! ils se pressaient mutuellement contre leur sein, se quittaient, revenaient s'embrasser encore. Leurs cœurs, que les plus terribles dangers n'avaient jamais effrayés, tremblaient pour les moindres hasards qui pouvaient menacer leur ami. Gonzalve demandait à Lara de ne point chercher les périls pendant l'absence de son frère; Lara suppliait Gonzalve de modérer sa fierté naturelle à la cour d'un roi perfide et cruel. Tous deux invitaient Isabelle à consentir qu'ils partissent ensemble : mais l'armée, trop affaiblie, avait besoin d'un de ces héros. Gonzalve fut forcé de mettre à la voile. Depuis ce funeste moment, Lara, sans ardeur, sans courage, se croit seul au milieu du camp. Le son de la trompette ne l'excite plus : il ne désire plus de vaincre, son ami n'en jouirait pas. Solitaire, sombre, farouche, il fuit ses rois, ses compagnons ; il cherche les lieux écartés ; il gravit les hautes montagnes pour jeter les yeux sur la mer d'Afrique. C'est là que Gonzalve respire ; c'est là que, plus à plaindre encore, exilé loin de sa patrie, loin de son ami, loin de son amante, Gonzalve soupire, s'irrite, compte les momens qu'il ne peut hâter, et déchire sans cesse un cœur dont le temps accroît la blessure.

Tout ce qu'il voit autour de lui vient ajouter à ses tourmens. Sur une terre aride et brûlante, semée de quelques palmiers, se traîne un peuple d'esclaves soumis à un despote féroce. Le malheureux Africain arrose vainement de ses sueurs le sillon desséché qui doit nourrir sa famille ; ses moissons jaunissent à peine, que des nuées de sauterelles viennent en un seul jour les dévorer. S'il échappe à ce fléau terrible, il ne peut échapper aux visirs, aux gouverneurs, rois des provinces, qui, passant tour à tour et rapidement de leur trône à l'échafaud, du diadème au cordon, se hâtent de s'engraisser du sang des peuples, d'accumuler assez de trésors pour acheter l'impunité. Le souverain de ces nombreux tyrans s'endort dans l'indigne mollesse, s'abrutit dans des plaisirs infames, ou ne se souvient qu'il est roi que pour commander le meurtre. Ses désirs les plus effrénés, ses volontés les plus atroces, deviennent, en passant par sa bouche, les lois sacrées de l'empire. Ses sujets, voués au malheur, travaillent, meurent à son gré. Leurs biens, leurs femmes, leurs jours, lui appartiennent à tous les instans. Sur un indice, ils sont dépouillés; sur un soupçon, leurs têtes volent. Dans ces barbares régions le sang des hommes est moins cher que l'eau dont le ciel est avare; et le monarque remplit avec joie l'horrible fonction de bourreau.

Telle est la cour où le plus sensible, le plus généreux des mortels est forcé de passer des jours qu'il voudrait retrancher de sa vie. En vain il s'indigne, il menace, il porte ses plaintes à Séid lui-même avec cette liberté fière, premier besoin de tous les grands cœurs; Séid, qui le craint, échappe à sa vue, se cache au fond de son sérail. Les visirs, accoutumés à l'astuce et au mensonge, calment le héros par des hommages, trompent l'ambassadeur par des sermens; et l'invincible Gonzalve, à qui tout cède dans les batailles, à qui nul rempart ne peut résister, se voit le jouet de vils ministres, et le captif d'un roi qu'il méprise.

Déjà la lune a renouvelé deux fois son croissant depuis que Gonzalve aborda les rivages des Africains. Lassé de tant de parjures, il veut enfin obliger Séid à rompre un silence offensant. Certain du jour où ce monarque doit se rendre à la mosquée, il va seul l'attendre sur le chemin. Dès qu'il le voit paraître, il s'avance : sa démarche, son air, son audace, intimident la garde et la font écarter. Il s'arrête devant Séid, tenant d'une main le traité, de l'autre son épée nue.

Roi de Fez, s'écria-t-il d'une voix fière et tonnante, je t'apporte la guerre ou la paix : choisis dans ce moment même. Cent mille glaives pareils à celui qui brille à tes yeux n'attendent qu'un mot de ma bouche pour venir dans des flots de sang renverser ton trône et tes murs. Vois-les suspendus sur ta tête : si tu balances, ils vont frapper.

Séid interdit le regarde : il ne peut soutenir sa vue, il baisse son front pâlissant. Sa cour tremble, son peuple fuit, ses soldats sont prêts à l'abandonner. Ce roi d'esclaves, terrassé par l'aspect d'un homme libre, signe le traité sans répondre. Gonzalve satisfait, le quitte, et va préparer son départ.

Mais les visirs d'un despote trop souvent l'enga-

Gonzalve T.I.P. an.

gent au crime. Ceux de Séid, plus irrités que lui-même, lui persuadent qu'il doit se venger. Gonzalve a bravé sa puissance, Gonzalve a mérité la mort. En punissant un téméraire dont l'orgueil offensa le roi, Grenade sera délivrée, l'Espagne perdra son appui. La politique et la vengeance sont satisfaites à la fois : le trépas du héros est juste du moment qu'il devient utile ; et ces horribles conseillers décident leur maître à l'assassinat.

Déjà tous les chemins que peut prendre Gonzalve sont secrètement investis. Mille hommes paraissent à peine suffire pour faire périr un seul guerrier. La ruse se joint à la force : on choisit le lieu de l'attaque, on ferme toutes les issues, on cache avec soin ces préparatifs ; et ces barbares montrent plus d'adresse à disposer de vils assassins qu'ils n'en ont jamais employé pour combattre leurs ennemis.

La nuit avait étendu ses voiles ; Gonzalve, sans défiance, devait sortir de Fez au point du jour. Tranquille dans son palais, il se livrait au doux espoir d'embrasser bientôt son ami, de verser dans son tendre cœur les tourmens que le sien a soufferts. L'idée de se rapprocher des lieux habités par celle qu'il aime, d'y pénétrer peut-être encore, de la retrouver près de ce palais, de défendre, de sauver sa vie, et de la forcer à la reconnaissance avant de l'instruire de son amour, toutes ces chimères dont se nourrissent les amans, toutes les possibilités qu'ils regardent comme vraisemblables, occupaient seules Gonzalve, lorsque tout à coup, près de son palais, se fait entendre un luth espagnol. Ces sons si connus du héros lui rappellent sa chère patrie, captivent son attention. Il écoute; une voix tremblante chante en castillan ces paroles :

> Braves guerriers, tendres amans,
> Ne dédaignez pas la prudence :
> Souvent la gloire et l'innocence
> Succombent aux traits des méchans;
> La trahison suit en silence
> Les pas des héros triomphans.
> Braves guerriers, tendres amans,
> Ne dédaignez pas la prudence.

> Tandis que, sous ces palmiers verts,
> Du printemps le chantre volage
> Ravit les échos du bocage
> Par ses doux et brillans concerts,
> Le milan, qui d'un roc s'élance,
> L'immole au milieu de ses chants.
> Braves guerriers, tendres amans,
> Ne dédaignez pas la prudence.

> J'ai vu le roi des animaux,
> Poursuivant le chasseur timide,
> Passer sur la fosse perfide
> Qu'on a couverte de rameaux :

Il tombe, il périt sans défense,
Frappé par des vainqueurs tremblans.
Braves guerriers, tendres amans,
Ne dédaignez pas la prudence.

Gonzalve, surpris d'entendre sa langue, attentif au sens des paroles qui semblent s'adresser à lui, jette les yeux sur la place immense où son palais était élevé. Il découvre, à la clarté de la lune, un vieillard dont la barbe blanche descendait jusqu'à la ceinture, couvert d'un habit de captif, traînant la chaîne de l'esclavage, et s'échappant du milieu des Maures que son luth avait attirés.

Intéressé pour ce vieillard, le héros descend dans la place, joint le captif, l'interroge, et lui demande en castillan si l'Espagne n'est pas son pays. Je suis Espagnol, lui répond l'esclave. Mais on nous observe, je ne puis parler. Si Gonzalve aime sa patrie, s'il veut la sauver d'un affreux malheur, qu'il se rende sur l'heure au jardin des Palmes.

A ces mots, le vieillard le quitte et disparaît à ses yeux.

Gonzalve demeure immobile et incertain de ce qu'il doit résoudre. Il sait que le Maure est perfide : il est seul, désarmé, dans la nuit. Suivra-t-il un esclave inconnu ? Peut-il croire que dans ses mains soit le salut de l'Espagne ? Mais cet esclave est un vieillard, un Espagnol, un infortuné : ce seul sentiment décide Gonzalve. Confondu dans la foule du peuple, il marche au jardin des Palmes, lieu solitaire et désert, renfermé dans la ville même.

Le vieillard l'attendait à l'entrée. Dès qu'il aperçoit le héros, il court, et tombe à ses pieds.

O la gloire de ma patrie ! dit-il en respirant à peine ; ô le vaillant fils de mon maître, je sauverai donc vos jours précieux ! Ah ! pardonnez à ma joie ; souffrez que des pleurs de tendresse baignent vos triomphantes mains. Hélas ! vous me considérez avec une froide surprise, et je m'enivre avec délices du bonheur de vous contempler ! Vous ne pouvez pas me connaître, et je vous aime depuis si long-temps ! Je suis Pédro, je suis l'ancien serviteur du noble comte votre père. Je l'ai servi pendant quarante années ; je l'ai suivi dans cent combats : je vous ai vu naître, Gonzalve, je vous ai porté dans mes faibles bras ; mais vous étiez encore au berceau lorsque je devins prisonnier des Maures. Vendu par eux au roi de Fez, je suis esclave depuis vingt ans ; et dans cette longue suite de jours douloureux, un seul ne s'est jamais passé sans que Pédro donnât des larmes à la mémoire de votre père, sans qu'il s'informât de son digne fils aux Espagnols conduits dans nos prisons. Par eux j'appris tous vos succès ; ils me donnèrent la force de vivre. Je vous vois enfin, je vous vois, j'embrasse les genoux de Gonzalve, je vais l'arracher à la mort. Je te bénis, ô mon Dieu ! ce seul bienfait est au-dessus de tous les maux que j'ai soufferts.

Il saisit alors la main du héros, qu'il presse contre ses lèvres. Gonzalve attendri l'embrasse, donne de nouveaux regrets à son père, et demande quel est ce péril dont Pédro le croit menacé.

Seigneur, ajoute le captif, je le tiens de leur bouche même ; ces monstres ont trahi devant moi leur détestable secret. Condamné au travail des jardins, je me reposais sous un buisson de lianes. Le roi, suivi de son visir, s'est arrêté près de ce buisson. Es-tu certain, a dit le monarque, que ce coupable Castillan n'échappera point à tes coups ? J'en jure par le prophète, a répondu l'atroce ministre : mille noirs sont déjà placés sur les deux routes de la Mamorre ; les portes de Fez sont gardées ; nul autre que ses serviteurs ne peut pénétrer dans son palais : la mort environne Gonzalve. Encore quelques instans, grand roi, j'apporte à tes pieds sa tête sanglante.

Tremblant à ces horribles paroles, mais enhardi par mon zèle, j'ai résolu de sauver mon héros. Dieu, sans doute, a conduit lui-même ma difficile entreprise. J'ai préparé votre fuite pendant le peu d'heures qui me restaient. Ne pouvant pénétrer jusqu'à vous, mes chants dans notre langue chérie vous ont attiré près de moi. Le reste est dans vos mains, seigneur :

mais je vous demande, mais je vous conjure, au nom de notre patrie, au nom de votre auguste père, d'oublier un jour, un seul jour, cette indomptable valeur qui ne vous serait que fatale. Abandonnez-vous à ma foi, quelque parti que je vous propose : il n'en est aucun qui ne soit permis pour échapper à des assassins. Si vous refusez ma prière, si votre courage vous fait une loi d'affronter une mort certaine, inutile, funeste à vos frères, commencez par répandre ici le peu de sang qui reste dans mes veines; vous m'épargnerez les affreux supplices que ces barbares me feront souffrir, et la douleur plus sensible encore de vous survivre quelques instans.

Le héros, en le rassurant, jure de suivre ses conseils. Alors le vieillard le conduit au fond d'un bosquet écarté. Là, il découvre à ses yeux un turban, un habit maure, un cimeterre africain. Pardon, lui dit-il, pardon, mais ce vêtement peut seul abuser les satellites qui veillent aux portes. Environnés d'ennemis, éloignés de la mer de trois journées, n'allons point chercher votre navire. Vos serviteurs, qui seront respectés aussitôt qu'on vous saura libre, gagneront l'Espagne sur ce vaisseau. Pour vous, la ruse est nécessaire; et, si elle répugne à votre grand cœur, songez que je vous mène à Grenade, où vous pourrez montrer Gonzalve aux Maures et aux Castillans.

Malgré sa promesse, le héros hésite : il craint de souiller son front en le couvrant d'un turban ; il lui semble qu'il s'avilit en se cachant sous un habit maure : cependant, pressé par Pédro, certain que tous les chemins sont fermés, et brûlant de retourner dans sa patrie, il cède enfin en rougissant. Ses longs cheveux sont cachés sous le lin ; il prend cette robe africaine qui ne lui ôte point de son air guerrier ; il s'arme de ce cimeterre dont il examine la trempe ; et précédé du captif qu'il a délivré de sa chaine, ils sortent ensemble du jardin des Palmes.

Sans être connus, sans être observés, ils marchent aux portes de Fez et passent au milieu des gardes. Précipitant leurs pas dans la campagne, ils arrivent en peu d'instans sur les bords du fleuve Subur. Gonzalve y trouve une barque amarrée parmi des roseaux. Le bon Pédro, qui la détache, l'a munie d'une forte voile, d'eau limpide et de provisions. Le peu d'or qu'il avait amassé pendant vingt ans d'esclavage a suffi pour ces préparatifs. Le vieillard fait entrer Gonzalve dans ce navire si léger ; il saisit tour à tour le gouvernail, la rame, et sent ses forces redoubler en regardant le héros. Un doux zéphyr le seconde : la barque vole sur les flots rapides. En douze heures ils sont arrivés à l'embouchure du fleuve : ils entrent avec lui dans la vaste mer ; et dès qu'ils se voient éloignés de la terre, le captif se met à genoux, remercie le Tout-Puissant, et court se jeter aux pieds de son maître, qu'il baigne de larmes de joie.

Bientôt ils sont à la hauteur d'Elarraïs et des campagnes délicieuses où le Lixos arrosait autrefois les fameux jardins conquis par Hercule. Arzile, bâtie par les Phéniciens, brille et disparaît à leurs yeux. Ils doublent le cap Spartel, laissent à leur droite l'ancienne Tingis, où reposent les os d'Antée; et traversant le détroit, ils arrivent, au milieu de la nuit, vis-à-vis le mont de Calpé.

Le ciel était pur et semé d'étoiles; la lune répandait sur les flots une lumière d'argent : Gonzalve, assis sur la proue, découvre le premier les rives d'Espagne. A cette vue il se lève, il ne peut contenir son transport : Ô ma patrie, s'écrie-t-il, ô Lara, je vais vous revoir! Je vais respirer dans les mêmes lieux où respire celle que j'adore, parmi mes braves compagnons, près de mes rois, sous mes étendards! Amour, amitié, vertu, vous enflammez à la fois mon cœur à l'aspect de ces beaux rivages!

Comme il parlait, le vieillard effrayé lui montre l'annonce d'un affreux orage. Les étoiles ont disparu, la lune a perdu sa lumière, ses rayons ne percent qu'à peine le voile sombre qui l'environne. Des nuages amoncelés s'avancent du côté du midi, les ténèbres marchent avec eux; un souffle léger et rapide ride la surface des eaux, les vents impétueux le suivent, une profonde nuit couvre les ondes, les éclairs déchirent la nue, le tonnerre mugit au loin. Son bruit redouble, la foudre approche, les flots s'élèvent en bouillonnant; les aquilons sifflent, se heurtent; les vagues montent jusqu'aux cieux; et la barque, tantôt suspendue sur une montagne écumante, tantôt précipitée dans l'abîme, touche au même instant les nuages et le sable profond des mers.

Tranquille au milieu des tempêtes, Gonzalve s'occupe du vieillard : il le rassure, l'encourage, lui parle d'une espérance qu'il n'a point, et le serre contre son sein. Pédro ne songe qu'à Gonzalve; c'est sur lui seul qu'il verse des larmes. O mon maître, s'écrie-t-il, je n'ai pu vous sauver! et toute la nature est conjurée pour faire périr un héros! Ah! s'il m'était encore permis... La terre ne peut être éloignée... Seigneur, attachez-vous à moi, je nagerai jusqu'au rivage; Dieu me rendra mon ancienne force : je n'expirerai, je l'espère, qu'après vous avoir posé sur le sable; j'expirerai trop heureux.

Dans ce moment, la faible barque descend du haut d'une vague avec la rapidité d'une flèche, et, parcourant un espace immense, va se heurter contre un navire, jouet, comme elle, de la tempête : elle se brise en éclats. Gonzalve et Pédro boivent l'onde amère; mais, sans se quitter tous deux, tous deux reviennent sur les flots, saisissent un câble flottant, montent à l'aide de ce câble, et s'élancent dans le navire.

Quel spectacle s'offre à leur vue! A la lueur des éclairs qui se succèdent sans relâche, Gonzalve aperçoit une femme liée fortement à un mât. Son visage est baigné de pleurs, ses cheveux flottent au gré des vents. Environnée de soldats noirs qui lui présentent leurs glaives, elle ne peut lever ses mains que d'indignes liens retiennent, mais elle élève sa voix gémissante, et, la tête renversée, les yeux fixés vers le ciel, elle supplie le Tout-Puissant de la faire périr dans les ondes plutôt que de l'abandonner à la merci de ses ravisseurs.

A cette voix, à ces accens, qui retentissent au cœur de Gonzalve, à ces traits qu'un long éclair découvre, le héros, surpris, transporté, reconnaît celle qu'il adore, celle qu'il vit à Grenade, et dont l'image resta dans son ame. Doutant encore de son bonheur, il court, il vole vers elle, il est prêt à tomber à genoux : mais sa fureur étouffe sa joie; il tire son cimeterre, brise les chaines de Zuléma, la soutient, lui promet vengeance, et menace avec des yeux brûlans l'horrible troupe dont il est entouré.

Les barbares, d'abord interdits, se rassurent,

grondent, s'irritent. Leur chef, farouche Ethiopien, dont un turban blanc couvre la tête hideuse, s'élance tout à coup sur Gonzalve, et le blesse de son poignard. Le héros d'un seul coup l'immole. Alors des cris se font entendre : soldats, matelots, réunis, tous le blasphème à la bouche, tous munis d'armes différentes, fondent à la fois sur Gonzalve en remplissant l'air de leurs hurlemens. Ainsi l'on voit sur le Caucase une nuée d'affreux corbeaux attaquer en croassant un aigle qui brave seul leurs vaines fureurs.

Appuyé contre le grand mât, tenant d'une main la princesse, de l'autre son terrible glaive, le Castillan les attend sans crainte. Les premiers tombent à ses pieds, les autres se serrent et les remplacent. Gonzalve précipite ses coups : son cimeterre fait voler au loin les armes, les membres épars. Le sang ruisselle dans le navire; les plaintes des blessés, les cris de Zuléma, les clameurs des assaillans, se mêlent et se confondent. Le tumulte, la mort, la terreur, environnent partout le héros, et les éclairs, les ténèbres, le mugissement des vents, le bruit redoublé de la foudre, ajoutent encore à l'horreur de ce nocturne carnage.

Gonzalve, entouré d'ennemis, ne peut repousser toutes les atteintes. Plus occupé de Zuléma que de lui-même, il se découvre pour la préserver; il reçoit de profondes blessures, et ne songe pas à s'en garantir, lorsque le fidèle Pédro, en combattant auprès de son maître, est averti par la princesse d'aller délivrer plusieurs prisonniers qui gémissent au fond du vaisseau. Le vieillard, sans être aperçu, court, descend, brise leurs liens : aussitôt les captifs armés volent au secours de Gonzalve. Pédro pénètre jusqu'à lui, se place devant Zuléma; et le Castillan, libre alors, s'élance, semblable au lion que sa chaîne ne retient plus. Il frappe, immole, dissipe ce vil ramas d'assassins, les poursuit jusqu'à la poupe, les presse entre son glaive et les flots, leur présente partout la mort; et, secondé par les captifs, il force enfin le peu qui reste de cette troupe de barbares à se précipiter dans les ondes. Le héros, vainqueur, mais presque mourant, parcourt encore le navire, ne trouve plus d'ennemis, revient auprès de la princesse, veut parler, et tombe à ses pieds épuisé de sang et d'efforts.

Cependant la mer s'est calmée, les vents n'agitent plus les flots, les nuages ont découvert le brillant azur des cieux. La nuit s'envole avec les étoiles; et l'orient, coloré de pourpre, s'enflamme des rayons du jour. Le navire désemparé se soutient encore sur les eaux : il n'a plus de voiles, plus de gouvernail; il reste immobile au milieu des ondes.

Zuléma, le bon vieillard, les captifs qu'il a délivrés, se pressent autour de Gonzalve en le rappelant à la vie. Hélas! leurs soins sont inutiles; Gonzalve, sans mouvement, demeure étendu près de ses victimes. Une affreuse pâleur couvre son visage; sa tête penchée tombe sur son sein, et ses yeux semblent fermés par le sommeil de la mort. Pédro le soulève en pleurant; les captifs à genoux le soutiennent. La princesse, à genoux comme eux, serre dans ses mains les mains du héros : elle arrache son voile de lin, elle étanche ses larges blessures, et contemple d'un œil attendri les traits inconnus de son libérateur.

Enfin, après de longs secours, Gonzalve rouvre la paupière : il la referme aussitôt. Un soupir sort de sa bouche, et Zuléma, Pédro, transportés, osent se livrer à l'espoir. On prépare un lit à la hâte; on y porte le héros mourant; on lui prodigue tous les soins que peuvent inventer le zèle, la reconnaissance, la douce amitié. Gonzalve a repris ses sens : il voit près de lui la princesse, il la voit, et pour lui parler il fait d'inutiles efforts. C'est vous... c'est vous... sont les seuls mots que puisse prononcer sa bouche. Zuléma le ranime par un breuvage, lui adresse de tendres discours; et, désirant que le sommeil répare ses forces éteintes, elle se retire avec le vieillard.

Alors les captifs délivrés, que Pédro reconnaît

pour des Bérébères (1) s'occupent de l'état du navire ; ils visitent le gouvernail, dont ils ne trouvent que les débris. Les mâts sont dégarnis de voiles, les flots entrent dans le vaisseau. Mais Pédro, du haut du tillac, découvre la terre à peu de distance, et, la montrant à Zuléma, il annonce qu'on peut aborder.

Hâtez-vous, lui dit la princesse : si mes yeux ne m'abusent point, nous sommes près de Malaga. Entrez dans la rade avec assurance, tout ici reconnaît mes lois : je suis la sœur du roi de Grenade, la fille de Mulei-Hassem ; et la demeure que j'habite, est ce palais que vous découvrez au milieu de cette forêt. C'est là que je veux recevoir le héros à qui je dois la vie; c'est là que j'espère acquitter une reconnaissance si chère à mon cœur. Mais satisfaites mon impatience. Quel est ce généreux guerrier ? Est-ce un prince ? est-ce un roi d'Afrique ? Ah ! si j'en crois mes pressentimens, c'est le plus grand des mortels.

Le prudent vieillard, qui l'écoute, frémit des dangers que va courir son maître. Il voudrait fuir cette terre ennemie où tout Castillan ne trouve que des fers, où le nom fameux de Gonzalve doit exciter à la vengeance un peuple qu'il vainquit tant de fois : mais le prompt secours nécessaire au héros, le triste

---

(1) Peuples de l'Afrique, voisins de l'Atlas. Voyez le *Précis historique*, première époque.

état du navire, la présence de ces Bérébères devenus libres par ses soins, tout lui fait une loi d'obéir. Il hésite, il réfléchit sur ce qu'il doit répondre à la princesse; et rougissant de l'abuser:

Vous ne vous trompez point, dit-il, ce héros venait de l'Afrique. La plus illustre naissance n'est que la dernière de ses qualités. Jaloux des exploits de tant de guerriers qui se signalent au siège de Grenade, il volait vers cette ville pour les vaincre ou les effacer. La tempête a brisé son vaisseau, le vôtre nous a servi d'asile. Vous savez le reste; et votre cœur sensible vous dira mieux que moi sans doute quels devoirs il vous reste à remplir.

Il se tait. Zuléma soupire : elle croit entendre que cet inconnu vient au secours de sa patrie; elle aime à sentir s'augmenter sa reconnaissance envers lui. Son imagination va plus loin : elle pense qu'un pareil guerrier sera le sauveur de Grenade, qu'il peut la défendre elle-même contre ses persécuteurs. Les exploits qu'il a faits pour elle, le peu de mots qu'il a prononcés, cette main qui pressait la sienne pendant le terrible combat, tout se retrace à sa mémoire et lui cause une secrète joie. Elle tombe dans la rêverie, elle éprouve un sentiment doux qu'elle ne peut encore expliquer; et, sans oser former aucun vœu, elle conçoit une douce espérance.

Pendant ce temps, le vaisseau brisé s'approche et mouille dans la rade. Le peuple, accouru sur le port, reconnaît sa jeune princesse, la salue par des acclamations. Tandis qu'on descend le héros blessé, Zuléma ne le quitte point, et fait appeler deux vieillards célèbres dans l'art de guérir les blessures. Elle leur confie son libérateur; elle l'environne des prisonniers que délivra son courage, et, le faisant porter par des esclaves, guide elle-même leur marche vers son palais solitaire.

FIN DU PREMIER LIVRE.

LIVRE SECOND.

Tendres sentimens de Zuléma pour Gonzalve, qu'elle croit un prince africain. Secours donnés à ce héros. Zuléma lui raconte l'origine des malheurs de Grenade. Elle décrit cette superbe ville, le pays enchanté qui l'environne, les mœurs, la galanterie des Maures, le règne de Mulei-Hassem. Description de l'Alhambra, du Généralif. Caractères des Abencerrages et des Zégris. Divisions entre ces deux tribus. Mulei-Hassem aime une captive. Portrait d'Almanzor et de Boabdil. Hymen d'Almanzor et de Moraïme. Fêtes à Grenade. Jeux des Maures. Trahison des Zégris. Boabdil est proclamé roi. Fidélité des Abencerrages. Mulei-Hassem cède la couronne à son fils.

O qu'il est doux pour un cœur bien né d'être obligé d'aimer ce qu'il aime, de pouvoir satisfaire à la fois et sa tendresse et sa vertu! La seule reconnaissance, si chère pour les belles ames, suffit à leur félicité; mais quand l'objet qui l'a fait naître nous attire encore par d'autres liens, quand le bienfaiteur est aimable, et qu'un charme secret vient se joindre à l'impression tendre que laissent les bienfaits, nul bonheur ne peut égaler celui que procurent ces deux sentimens ; nulle jouissance ne peut valoir l'heureux accord d'un plaisir pur avec un devoir sacré.

Zuléma goûtait ce bonheur. Elle est arrivée avec le héros à sa retraite paisible; elle a pris soin de le placer dans le plus beau de ses appartemens. Sans cesse occupée de cet inconnu, sans cesse interrogeant les deux vieillards, elle va chercher elle-même les simples qu'ils lui indiquent, elle les prépare de ses mains. Gonzalve, trop faible, ne peut exprimer l'émotion qui remplit son ame ; mais des larmes de joie coulent sur ses joues : il chérit, il bénit ses blessures, et fait des vœux au fond de son cœur pour qu'elles ne guérissent de long-temps.

Déjà les savans vieillards ont levé le premier appareil. Zuléma, respirant à peine, les yeux fixés sur leurs yeux, la crainte et l'espoir sur le front, n'ose les presser de parler. Elle brûle cependant, elle tremble d'être instruite. Rassurée sur les jours du héros, elle ne contient plus sa joie. Présens, promesses, bienfaits, tout est prodigué par elle. Pénétrée d'un sentiment qu'elle croit de la reconnaissance, elle se livre sans réserve à des transports qu'elle peut avouer.

Ranimé par ses tendres soins, surtout par la présence de ce qu'il aime, Gonzalve peut enfin lui parler. Il la regarde d'un œil attendri ; et levant vers elle ses deux mains tremblantes : O vous, lui dit-il d'une faible voix, vous qui daignez sauver mes jours, s'il ne doit pas m'être permis de les consacrer à vous seule, ah! laissez, laissez-moi mourir.

Il n'ose en dire davantage : mais la princesse entend son silence, rougit, et détourne les yeux. S'apercevant de son propre trouble, elle s'efforce de le cacher; elle sourit doucement au héros, lui parle de sa vaillance, le nomme son libérateur, et se presse de rappeler ce qu'elle lui doit, pour se justifier de ce qu'elle éprouve.

Le bon Pédro ne quitte pas son maître. Il l'instruit en secret du nom, du rang de celle qu'il a sauvée, des lieux qu'il habite avec elle, et de l'erreur de Zuléma qui croit Gonzalve un prince africain. Le héros le blâme de ce mystère. Son ame ne peut supporter un mensonge; il est prêt à tout découvrir : mais Pédro le conjure, le presse de ne pas s'exposer mourant à la fureur d'un peuple ennemi dont Zuléma ne serait pas maîtresse. Il ne parvient pas à l'intimider par les dangers qui menacent sa tête; il le fléchit en lui parlant des tourmens qu'on ferait souffrir à son fidèle et vieux serviteur.

Après quelques jours donnés seulement aux soins, aux secours des vieillards, la princesse entretient Gonzalve de l'état où se trouve Grenade, des troubles qui l'ont déchirée, des crimes du roi Boabdil.

Assise près du lit du héros qu'elle croit né loin de l'Espagne, elle propose de lui raconter les divisions et les malheurs dont elle fut le triste témoin. Gonzalve, avec un doux sourire, ose demander un récit où Zuléma doit être intéressée. La jeune Maure le commence aussitôt.

Vous n'ignorez pas, lui dit-elle, à quel point de grandeur et de gloire fut porté presqu'à sa naissance l'empire des Arabes en Espagne. Vaincus par nos braves aïeux, pressés par leurs armées triomphantes, les Chrétiens ne trouvèrent d'asile que dans les rochers asturiens. Ils s'y cachèrent pendant plusieurs siècles ; mais le malheur doubla leur courage ; la prospérité nous amollit ; nos rois devinrent des tyrans ; les rois espagnols furent des héros. Bientôt ils sortirent de leurs retraites, osèrent attaquer leurs vainqueurs ; et, profitant des guerres intestines de nos différens monarques, ils ne laissèrent aux anciens conquérans que les seuls Etats de Grenade.

Cette célèbre capitale, bâtie au pied des montagnes de neige, s'élève sur deux collines, au milieu d'un pays enchanté. Le Daro, dont les flots rapides roulent de l'or dans leur sein, traverse la ville dans son étendue. Le Xénil, dont les eaux salubres rendent aux troupeaux la santé, baigne ses hautes murailles. Une campagne délicieuse, où croissent presque sans culture des moissons abondantes, des forêts d'orangers, des oliviers mariés à la vigne, des palmiers mêlés avec des chênes, l'environne de toutes parts. Des carrières inépuisables de marbre, de jaspe, d'albâtre, ont orné les palais superbes, les magnifiques édifices, qu'on a multipliés dans la ville. Partout des eaux jaillissantes rafraîchissent l'air qu'on respire, embellissent les places immenses où vient s'exercer chaque jour une belliqueuse jeunesse; et des jardins couverts de fleurs, ombragés dans tous les temps de grenadiers, de myrtes, de cédrats, font de la plus charmante des villes la plus grande cité des Espagnes.

Là semblaient s'être réunies toutes les forces, toute la puissance des Maures; là s'était élevé le temple de nos sciences et de nos arts. Des extrémités de l'Asie, des bords du Nil, du pied de l'Atlas, les rois, les guerriers, les savans, venaient puiser à Grenade des exemples et des lumières. Nos fréquentes guerres avec une nation brave, loyale, généreuse, établissaient entre l'Arabe et l'Espagnol une continuelle émulation de gloire. Nos jeunes Maures, naturellement portés à l'amour, avaient oublié les maximes barbares de l'Orient pour prendre de leurs ennemis ce respect profond, cette vénération si tendre, cette constance éternelle, qui remplissent le cœur d'un amant espagnol, lui présentent l'objet aimé comme le dieu de ses destinées, l'élèvent au-dessus de lui-même, et lui donnent toutes les vertus, devenues faciles par l'espoir de plaire. Nos femmes, fières de leur empire, le méritaient pour le conserver : ennoblies à leurs propres yeux par l'hommage pur qu'on rendait à leurs charmes, elles s'efforçaient de se rendre dignes du tribut précieux qu'on leur apportait. Incapables d'une faiblesse qui leur eût coûté le bonheur, elles étaient chastes pour se voir aimées, et fidèles pour rester heureuses.

Telle était cette cour brillante, asile charmant de l'amour, des beaux-arts, de la politesse, lorsque mon père, Mulei-Hassem, parvint, jeune encore, à l'empire.

Doué de toutes les vertus, le nouveau roi, par son exemple, les rendit encore plus communes, plus chères à sa nation. Déjà fameux par sa valeur, il prit la ville de Jaën, et força l'altier Castillan à signer une paix durable. Alors tous ses soins furent pour son peuple. Notre gouvernement despotique, si funeste sous tant de monarques, devint pour mon père un moyen de plus de rendre ses sujets heureux. Les grands de l'empire connurent enfin qu'ils étaient soumis à sa justice, qu'elle était la même pour tous. Le cultivateur, opprimé jusqu'alors, recueillit en paix ses moissons; les troupeaux couvrirent nos vertes montagnes; les arbres, les plantes utiles se multiplièrent dans nos champs; la terre, si féconde

LIVRE II.

dans nos climats, étala partout ses trésors, et le royaume de Grenade, favorisé par la nature, gouverné par un prince sage, cultivé par des mains laborieuses, semblait être un vaste jardin dont une famille innombrable pouvait à peine consommer tous les fruits.

Après avoir assuré la félicité de ses peuples, mon père, enrichi lui-même de l'abondance de ses sujets, voulut se délasser avec les arts et les employer à sa gloire. Les mosquées revêtues de marbre, les aqueducs de granit s'élevèrent de toutes parts. Le fameux palais de l'Alhambra, commencé par l'*Emir al Mumenim*, fut achevé par Mulei-Hassem; et ce monument de magnificence l'emporte même sur les prodiges qu'enfante l'imagination. Là, des milliers de colonnes d'albâtre soutiennent des voûtes immenses, dont les murs, couverts de porphyre, éclatent d'or et d'azur. Là, des eaux vives et jaillissantes forment, au milieu des appartemens, des cascades d'argent liquide, vont remplir des canaux de jaspe, et serpentent dans les galeries. Partout le doux parfum des fleurs se mêle à celui des aromates, qui, brûlant toujours dans les souterrains, s'exhalent du pied des colonnes, et viennent embaumer l'air qu'on respire. Des jours ménagés sur la ville, sur les bords enchantés des deux fleuves, sur les montagnes de neige, présentent à l'œil étonné des tableaux variés sans cesse. Tout ce qui flatte les sens, tout ce que l'art et la nature, la magnificence et le goût, peuvent réunir pour la volupté, se trouve joint dans ce beau séjour aux chefs-d'œuvre qui charment l'esprit. A côté des eaux bondissantes, au milieu des riches sculptures, vis-à-vis des superbes vues, on a gravé sur le porphyre les vers de nos poètes arabes. Dans le parvis de la salle immense où le roi rend la justice, on lit sur la porte cette inscription :

Crime, pâlis d'effroi, crains mon regard sévère :
Le ciel, lent à punir, tonne et frappe à la fin.
 Rassure-toi, triste orphelin,
 Ici tu vas trouver un père.

A l'entrée de l'appartement où la reine rassemble les beautés de sa cour et les guerriers de notre armée, on a tracé ces vers en lettres d'or :

  Ici la beauté, la pudeur,
  Les jeux, les ris, la politesse,
  Font naître et couronnent sans cesse
  La gloire, l'amour et l'honneur.
  Ici la plus chère faveur
  Ne coûte rien à la sagesse :
  L'amour est exempt de faiblesse,

Et le courage de fureur.
Vaincre suffit à la valeur,
Plaire suffit à la tendresse.

Ce lieu de délices est environné d'un jardin plus délicieux encore, dont la touchante simplicité contraste avec le luxe du palais; c'est le fameux Généralif, célèbre dans l'Afrique et l'Asie, l'objet de l'envie des puissans califes, qui, dans le Caire, dans Bagdad, ont vainement tenté de l'égaler.

En y pénétrant, on n'est point surpris; les yeux satisfaits ne rencontrent point ces efforts de l'art, ces brillans prodiges, qui plaisent moins qu'ils n'étonnent, et rappellent seulement l'idée de la richesse ou du pouvoir: tout y présente, au contraire, l'image de ces biens faciles qu'on n'admire point, mais dont on jouit. Des bois d'orangers et de myrtes coupent des plaines de verdure arrosées par des eaux limpides. Ces bois, plantés avec adresse, cachent, découvrent tour à tour les perspectives lointaines, les rians villages, les champs cultivés, les glaces accumulées sur les monts; les palais, les monumens de Grenade. A chaque instant, des coteaux fertiles vous offrent la vigne, l'olivier sauvage, les lilas, les grenadiers, entrelaçant leurs fruits et leurs fleurs. Tantôt une cascade bruyante se précipite du haut d'un rocher; tantôt un ruisseau tranquille sort en murmurant d'une touffe de roses. Là c'est une grotte écartée où filtrent plusieurs sources d'eau vive; ici c'est un bocage sombre où voltigent mille rossignols; partout enfin un aspect différent, une jouissance nouvelle, font éprouver à chaque pas un sentiment doux ou un plaisir pur.

C'est dans cet aimable et superbe asile que mon père, Mulei-Hassem, a régné long-temps heureux. Mais la haine de deux tribus puissantes a rempli ses jours d'amertume, a fini par mettre l'empire sur le penchant de sa ruine.

Vous savez, seigneur, que nos Maures, quoique rassemblés en corps de nation, ont conservé les mœurs patriarcales de nos ancêtres les Arabes. Nos familles ne se confondent point : chacune d'elles forme une tribu plus ou moins forte par le nombre, par les esclaves, par les richesses, mais dont tous les membres unis se regardent comme des frères, se soutiennent mutuellement, marchent ensemble à la guerre, et ne séparent jamais leur fortune, leurs intérêts, leurs ressentimens.

Parmi ces tribus, la plus belliqueuse, la plus illustre, la plus chérie, est celle des Abencerrages, descendus des antiques rois qui régnèrent sur l'Yémen. Leurs qualités sont au-dessus de cette noble origine : invincibles dans les combats, doux et clémens après la victoire, leurs graces, leurs talens aimables font le charme de notre cour. Respectés des fiers Espagnols, ils ont su mériter leur amour par les bontés, par les bienfaits dont ils comblent les Chrétiens captifs. De tout temps leur richesse immense fut le patrimoine du pauvre; de tout temps, dans les batailles, dans nos tournois, dans nos jeux, le prix de la valeur et de l'adresse appartient aux Abencerrages. Jamais il ne fut un lâche dans cette célèbre tribu; jamais un infidèle ami, un époux volage, un perfide amant, n'ont terni la gloire de cette famille.

Leurs seuls rivaux en grandeur, en richesses, peut-être en courage, sont les trop fameux Zégris, issus des monarques de Fez. Quels que soient mes justes ressentimens contre cette tribu coupable, je ne prétends point cacher à vos yeux l'éclat des actions qui l'ont distinguée. Leur indomptable valeur a cent fois porté le fer et la flamme sur les terres des Castillans; cent fois leurs mains victorieuses ornèrent nos mosquées de drapeaux ennemis. Mais la fureur, la soif du sang, déshonora de si beaux exploits. Jamais un Zégri n'a fait de captif; tout vaincu périt sous son sabre; jamais l'amitié, l'amour, n'ont adouci leur férocité. Remplis d'un orgueilleux dédain pour ces qualités aimables, ces graces, ces talens de l'esprit, que l'on chérit dans notre cour, ils regardent comme faiblesse la douce sensibilité. Superbes, turbulens, farouches, ils ne se plaisent qu'aux champs de la mort; ils ne savent que combattre et vaincre; ils méprisent tous les autres arts.

La plus violente jalousie les animait depuis longtemps contre les généreux Abencerrages. Souvent ces deux tribus vaillantes furent sur le point d'en venir aux mains. L'autorité de Mulei-Hassem avait pu seule les arrêter. Mais leur haine était publique; et les principales familles de Grenade avaient embrassé l'un ou l'autre parti. Les Almorades, les Alabez, soutenaient la cause des Abencerrages; les Gomèles, les Vanégas, défendaient celle des Zégris. Les autres tribus, plus obscures, avaient imité cet exemple; la cour et la ville étaient divisées, et mon père tremblait chaque jour de voir le sang inonder Grenade.

L'ame noble et tendre de Mulei-Hassem n'avait pu demeurer incertaine sur le parti qu'il devait protéger : ses propres vertus, malgré lui, l'entraînaient vers les Abencerrages. Cette préférence, qu'il ne pouvait cacher, était un nouvel aliment à la haine de leurs ennemis. Mulei le sentit; et, pour apaiser par une faveur signalée le mécontentement des Zégris, il prit une épouse dans leur tribu. Aïxa, fille d'Almadan, devint la reine de Grenade. Mais Aïxa n'était que belle : l'insensibilité, l'orgueil, héréditaires dans sa famille, ternissaient l'éclat de ses charmes. Mon père, qui ne put l'aimer, se vit contraint de la répudier, après avoir obtenu d'elle un héritier de son trône. Ce prince est le fougueux Boabdil, qui règne à présent sur les Maures, et dont vous connaitrez bientôt le redoutable caractère.

Le roi, malheureux par l'hymen, ne voulut plus en serrer les nœuds : l'amour dont il brûlait dès long-temps pour une captive espagnole lui rendait impossible tout autre lien. La belle Léonor avait soumis son cœur. Fidèle au culte de ses pères, sans espoir comme sans désir de régner sur les Musulmans, Léonor aimait dans Mulei ses qualités, et non sa puissance. Elle pleurait souvent avec lui les malheurs attachés à son rang ; elle le consolait des ennuis du trône, de la fatigue des hommages, du vide de la grandeur, et calmait ses peines secrètes, ses chagrins si cuisans pour les rois condamnés à n'avoir point d'amis.

Le premier fruit de leurs amours fut ce généreux Almanzor qui défend aujourd'hui Grenade, et dont les exploits renommés ont peut-être été jusqu'à vous....

Oui, répond vivement Gonzalve, oui, je connais ce vaillant guerrier. Eh! dans quels lieux ignore-t-on que le fameux Almanzor est le plus ferme appui de votre empire, la gloire, le modèle de votre cour? Qui ne sait que ce jeune prince, si redoutable dans les batailles, commande même à ses ennemis cette admiration, ce respect, liens éternels qui, malgré la guerre, unissent toutes les grandes ames? Mon cœur est pénétré pour lui d'un sentiment de vénération : parmi vos Maures, c'est de lui seul que je désire être l'émule, c'est lui seul que je voudrais égaler; le surpasser est impossible.

Il dit : la princesse écoute avec ravissement l'éloge d'un frère qu'elle adore. Elle remercie Gonzalve par un sourire, et continue son récit.

Je fus le dernier gage d'amour que le roi reçut de sa Léonor. Jamais une mère plus tendre n'a tant fait pour sa fille chérie; elle me nourrit de son lait; elle ne voulut confier à personne les soins de ma première enfance; elle présida seule à mon éducation. Je sens mes larmes couler en songeant aux paisibles jours passés dans le sein de ma mère. Mon frère Almanzor ne nous quittait point : plus âgé que moi de quelques années, il m'expliquait les leçons que ma faiblesse ne pouvait comprendre; il m'enseignait ce qu'il avait appris. Je l'écoutais avec reconnaissance; je me sentais déjà pour lui ce tendre et confiant respect dont mon cœur a gardé l'habitude. Mulei venait souvent se mêler à nos jeux; il oubliait près de nous les chagrins que lui donnait Boabdil; et la meilleure des mères croyait voir les cieux entr'ouverts lorsque le roi, qu'elle adorait, la visitait dans sa retraite, et pressait ses enfans chéris entre ses bras paternels.

Hélas! ces temps trop heureux ne furent pas de longue durée. L'Espagnol attaqua nos frontières. Mon frère, appelé par la gloire, nous quitta pour voler aux combats. Sa valeur, ses brillans exploits, ne nous consolaient point de son absence. Il revenait toujours triomphant porter ses lauriers à sa mère; mais il repartait aussitôt. Forcée moi-même de paraître à la cour, d'y vivre au milieu du tumulte, je regrettais ces années tranquilles consacrées à la seule tendresse. Bientôt des regrets plus amers vinrent me préparer au malheur.

Ma mère me fut ravie. Après de longues souffrances, elle expira dans mes bras. O ma bonne et digne mère! ta perte m'est toujours récente; les derniers mots que tu m'as dits retentissent toujours à mon cœur. Veille sur moi du haut du ciel, ô la plus tendre des mères! je n'ai point trahi les sermens que j'ai prononcés à ton lit de mort : rends-moi de même fidèle aux devoirs que tu m'enseignas, et fais descendre dans cette ame pleine de toi les vertus dont tu me donnas l'exemple.

A ces mots, Zuléma s'arrête; les pleurs étouffent sa voix; elle cache de ses belles mains son visage baigné de larmes. Gonzalve, ému presque autant qu'elle, la contemple avec des yeux attendris; il respecte trop sa douleur pour interrompre ce pieux silence. Enfin la princesse reprend son récit d'un accent qu'elle affermit avec peine.

Le roi fut inconsolable, et ne survécut à sa Léonor que pour mon frère et pour moi. Almanzor était à l'armée : il revint, accablé de douleur, mêler ses larmes à celles d'un père qui ne lui permit plus de le quitter. Boabdil, occupé depuis long-temps de ses criminels projets, sut profiter de son absence pour gagner le cœur des soldats. Boabdil pouvait éblouir leurs yeux : aux avantages de la nature il joint cette valeur brillante qui plaît surtout dans un jeune prince, et cette prodigalité si vantée par les courtisans. Que ne puis-je avoir à louer d'autres vertus dans Boabdil! mais les perfides flatteurs ont corrompu sa jeunesse. Egaré de bonne heure par leurs conseils, il ne connut de devoirs que ceux des autres hommes envers son rang ; il se crut au-dessus des lois parce qu'il était au-dessus de leurs peines : il ne pensa pas que le plus terrible des châtimens, la haine, le mépris public, sont le supplice des grands que les lois ne peuvent atteindre. A force de satisfaire ses passions, ses passions devinrent des vices. Il perdit bientôt le remords, ce dernier ami des vertus, et passa rapidement des plaisirs aux excès, des excès aux crimes : triste destinée des jeunes princes, dont la vie entière dépend toujours du choix de leurs premiers amis!

Livré sans réserve aux Zégris, qui brûlaient de voir sur le trône un monarque issu de leur sang, Boabdil cherchait à renouveler ces exemples, trop communs parmi nous, de pères détrônés par leurs fils, de rois déposés par leurs sujets. Il voulait s'assurer l'armée; et ses desseins impies ne trouvèrent d'obstacle que dans les seuls Abencerrages. Ces fidèles guerriers avertirent Mulei. Mon père partit aussitôt, alla se montrer aux soldats, et sa présence rétablit l'ordre. Mais le mal avait jeté des racines trop profondes; la moindre étincelle devait tout à coup produire un grand embrasement. Le roi, se défiant toujours d'un fils dénaturé qu'il n'osait punir, conclut une trêve avec l'Espagnol, et déconcerta les Zégris en licenciant son armée.

De retour dans la capitale, Mulei espéra calmer les esprits, détourner sa cour des factions, en donnant un aliment plus noble à cette inquiétude fougueuse, à cette éternelle inconstance, qui, de tout temps, ont caractérisé le Maure. Les fêtes, les tournois, les jeux, jadis si communs à Grenade, se renouvelèrent par son ordre. En proie à sa douleur profonde, pleurant toujours sa chère Léonor, il était peu capable d'y prendre part; mais sa sagesse voulait occuper une belliqueuse jeunesse, et prévenir une guerre civile dont la seule idée faisait frissonner son cœur sensible et paternel.

L'hymen de mon frère amena ces fêtes. Depuis long-temps le brave Almanzor brûlait pour la belle Moraïme, de la tribu des Abencerrages. Moraïme aimait Almanzor. Eh! qui n'aurait pas accepté l'hommage du plus vaillant, du plus vertueux des princes? La jeune Abencerrage consulta sa mère, lui confia le secret de son cœur; et sa mère lui permit de l'avouer à son amant. Depuis ce jour, la tendre Moraïme ne vivait, ne respirait plus que pour le héros, maître de son ame. Jamais le moindre soupçon, jamais la plus légère querelle n'avaient troublé leurs constantes amours. Sûrs l'un de l'autre, pénétrés tous deux d'une passion fondée sur la parfaite estime, certains que l'univers se serait détruit plutôt que l'un des deux pût changer, ils attendaient leur hyménée avec cette douce impatience que tempère le bonheur présent. Ils n'ignoraient pas qu'ils seraient plus heureux : mais ils l'étaient assez de cette espérance; ils l'étaient assez de se voir tous les jours, de se parler de leur tendresse, de s'encourager mutuellement à de nouvelles vertus. C'étaient pour eux des plaisirs si doux, que leurs ames pures et chastes n'en imaginaient aucun qui jamais pût les surpasser.

Le roi voulut les unir et déployer à cet hyménée toute sa magnificence. Moraïme, couverte d'un voile enrichi de perles, vêtue d'une étoffe d'or brodée de pierreries, fut promenée dans la ville, selon l'usage de notre nation, sur un superbe coursier qu'accompagnait une troupe de femmes. Les joueurs d'instrumens la précédaient. Elle était suivie d'une foule d'esclaves portant dans des corbeilles ornées de fleurs les tissus de Perse, les voiles indiens, les riches parures de la jeune épouse. C'est ainsi qu'elle se rendit à la mosquée, où l'attendaient les Abencerrages. Almanzor y vint, conduit par mon père, entouré d'une brillante cour, dont il effaçait les plus beaux guerriers par sa taille, par sa figure, par cet air de grandeur, de bonté, signe touchant du calme heureux dont jouit une belle ame.

L'iman invoqua le prophète; le peuple répondit par des vœux en faveur des nouveaux époux. Ils furent ensuite conduits, au son des cistres et des cymbales, dans le palais de l'Alhambra. Les parfums les plus exquis brûlaient autour d'eux pendant la marche. Douze jeunes vierges vêtues de blanc précédaient la belle Moraïme; douze jeunes garçons couronnés de roses s'avançaient devant Almanzor. Ces deux troupes jetaient des fleurs sur le chemin des époux, et chantaient alternativement ces paroles :

Présens du ciel, bienfaits charmans,
Tendre amour, aimable hyménée,

Vous seuls, de nos plus beaux momens,
Serrez la chaîne fortunée.

Qu'il est doux pour un jeune cœur
De vivre sous votre puissance !
L'amour lui donne le bonheur,
L'hymen lui donne l'innocence.

Des biens jusqu'alors inconnus
Viennent doubler ses jouissances ;
Tous ses plaisirs sont des vertus,
Tous ses devoirs des récompenses.

Puissent les sermens de ce jour,
Gardés, chéris toute la vie,
Donner des belles à l'amour,
Et des héros à la patrie !

Heureux époux, vos descendans
Seront dignes de leurs modèles :
Les fils du lion sont vaillans,
Ceux de la colombe fidèles.

Le lendemain de ce beau jour, Muleï-Hassem avait indiqué des courses de bagues et de cannes, jeux chéris de notre nation (1). Tous nos guerriers s'y préparèrent, tous prodiguèrent leurs trésors pour

(1) Ce jeu de cannes, tel qu'il est décrit, est encore le jeu favori des Mamelouks d'Egypte. Voyez le *Voyage d'Égypte*, par Savary, M. de Volney, etc.

se distinguer par de riches armures, par de magnifiques coursiers. Les jeunes beautés de la cour, tremblant que leurs amans ne fussent pas vainqueurs, s'empressèrent de leur envoyer des nœuds, des rubans, des devises. Plusieurs, pour la première fois, leur témoignèrent un tendre retour, et, dans l'espoir d'augmenter leur courage, sacrifièrent leur propre orgueil.

A peine le soleil avait doré le sommet des palais de Grenade, qu'un peuple immense, mêlé d'étrangers attirés par le bruit de la fête, vint occuper mille gradins rangés dans la place de Vivarambla. Au milieu de cette vaste enceinte, qui peut aisément contenir vingt mille guerriers en bataille, on vit s'élever un brillant palmier, chef-d'œuvre de sculpture et de richesse. Sa tige était de bronze, et son feuillage d'or. Sur une de ses longues feuilles, une colombe d'argent, qui la faisait pencher par son poids, soutenait en se balançant la bague qu'il fallait conquérir. Quand cette bague était enlevée, une nouvelle, par l'art de l'ouvrier, sortait du bec de la colombe, et se présentait d'elle-même. Au pied du palmier on voyait une enceinte réservée aux juges des prix, aux timbales, aux instrumens qui devaient annoncer la victoire. Des balcons couverts d'étoffes précieuses, surmontés de dais magnifiques, étaient destinés au roi, à sa famille, à sa cour; et mille fenêtres ornées de guirlandes, occupées par les plus belles de nos jeunes Maures, formaient autour de la place un spectacle superbe et charmant.

Déjà les juges ont pris leurs places; déjà Mulei est arrivé dans toute la pompe du trône, tenant par la main Moraïme, resplendissante de diamans. Le peuple, séduit en secret par les perfides Zégris, ne fit pas éclater, en voyant son monarque, ces transports de joie et d'amour qu'il lui témoignait autrefois. L'ame de Mulei en fut pénétrée, des larmes coulèrent de ses yeux; et se retournant vers mon frère, qui le suivait avec moi : Mon fils, lui dit-il, j'ai trop vécu, ils ont cessé de m'aimer. Nous prîmes aussitôt ses mains, que nous serrâmes avec tendresse. Il s'assit au milieu de nous; sa cour l'environna, les balcons se remplirent; et, des quatre barrières de la place, le bruit des trompettes qui se répondaient nous annonça les combattans.

Ils entrent par différens côtés, divisés en quatre quadrilles. Les Abencerrages forment la première. Vêtus de tuniques bleues brodées d'argent et de perles, montés sur des coursiers blancs, dont les harnais sont couverts de saphirs, ils portent à leur turban l'aigrette bleue, couleur affectée aux Abencerrages, et sur leurs boucliers un lion enchaîné par une bergère, avec ces mots : *Doux et terrible*, devise célèbre de leur tribu. Tous à la fleur de l'âge, beaux, brillans, remplis d'espoir et de cette noble fierté que tempère la politesse, ils s'avancent d'un pas léger sous la conduite d'Abenhamet, d'Abenhamet dont les malheurs feront bientôt couler vos larmes, mais qui n'était alors occupé que de vaincre devant Zoraïde.

Les Zégris forment la seconde quadrille. Leurs tuniques vertes sont brodées d'or. L'aigrette noire, couleur sinistre de leur famille, se distingue sur leurs turbans. De longues housses enrichies d'émeraudes couvrent le dos de leurs noirs coursiers. La tête haute, l'œil menaçant, ils suivent d'un pas tranquille Ali, le redoutable Ali, chef de cette tribu terrible, Ali, que quarante ans de victoires ont fait surnommer *l'Epée de Dieu*, et qui porte sur son large bouclier, ainsi que tous ses compagnons, un cimeterre dégouttant de sang, avec ces mots : *Voilà ma loi.*

Les Alabez et les Gomèles marchent aux deux dernières quadrilles. Les Alabez, vêtus d'incarnat brodé d'argent, montés sur des chevaux isabelles, ont pris le turban des Abencerrages. Les Gomèles, liés aux Zégris, ont des tuniques pourpre et or, des coursiers bais, et l'aigrette noire.

Ces quatre troupes, l'une après l'autre, viennent saluer le roi, font ensuite des évolutions, et vont occuper les quatre faces.

Le prince Boabdil parut alors, monté sur un coursier d'Afrique qui semblait jeter du feu par les naseaux. Le peuple, à son aspect, jette des cris de joie. Boabdil, passant d'un air dédaigneux devant les Abencerrages, va se placer parmi les Zégris, qui le reçoivent avec des transports. Ali veut lui céder le commandement; mais le prince le refuse; et le roi donne l'ordre aux juges de faire distribuer des lances égales à ceux qui veulent disputer les prix.

Chacune des différentes quadrilles devait nommer douze cavaliers pour courir ensemble les bagues. Il suffisait d'en manquer une seule pour perdre le droit d'une nouvelle course. Une superbe aigrette de diamans était réservée au vainqueur; d'autres présens moins magnifiques devaient consoler les vaincus.

Le signal se donne; et le premier qui s'élance est le charmant Abenhamet. Il part comme un trait de l'escadron bleu; il enlève la première bague. Ali Zégri veut lui ravir la seconde; mais Boabdil le prévient. Troublé par sa haine pour Abenhamet, il vole, manque la bague, brise sa lance de fureur, et va se cacher parmi les Zégris. Ali se présente alors; Ali emporte la seconde. Abenhamet, prompt comme l'éclair, est déjà maître de la troisième. La quatrième est à la lance d'Ali. La place retentit d'applaudissemens. L'Abencerrage se précipite de nouveau; mais son fer touche la colombe, et fait voler la bague dans l'air. L'adroit Abenhamet, d'un second coup, l'enlève avant qu'elle tombe à terre. Le peuple fait éclater des transports. Ali n'ose rentrer en lice. Les Zégris, les Gomèles, les Alabez, se succèdent inutilement. Les plus heureux vont jusqu'à cinq bagues; Abenhamet en a conquis vingt. Mille fanfares annoncent sa victoire; les juges lui décernent le prix. Il vient le recevoir à genoux de la main de Moraïme, et court le déposer aux pieds de Zoraïde, dont le cœur a fait des vœux pour lui.

Aussitôt les quatre escadrons se préparent au jeu de cannes. Tous, armés de légers roseaux, courent les uns contre les autres, les brisent sur leurs boucliers, les jettent à la fois dans l'air, les reprennent sans descendre à terre. Maniant avec dextérité des coursiers plus rapides que l'air, ils s'attaquent, fuient, reviennent, se forment, se dispersent, s'arrêtent, se rallient précipitamment, et trompent toujours les yeux étonnés, qui ne peuvent suivre leurs mouvemens divers.

Ainsi, dans la mer d'Almérie, on voit les dauphins rassemblés fendre la plaine liquide, se mêler, s'entrelacer dans leurs circuits, dans leurs détours, se poursuivre sans jamais s'atteindre, et bondir à la fois sur les ondes.

Mais la plus noire trahison devait ensanglanter

la fête. Les coupables Zégris, sous leurs habits dorés, portaient leurs cottes de mailles. Au milieu du tumulte des jeux, plusieurs changèrent leurs roseaux contre de véritables lances. Abenhamet fut le premier frappé. A la vue de son sang qui coule, il jette un cri de fureur, et s'élance, le sabre en main, sur le Zégri qui l'a blessé : il l'immole au milieu des siens, qui sur-le-champ tirent leurs cimeterres. Les Abencerrages, instruits de l'attentat, volent au secours de leur chef. Les Alabez se déclarent pour eux; le Gomèles pour les Zégris. Les quatre escadrons se chargent avec une égale animosité. Les noms de traître, de perfide, sont prononcés par tous les partis. Le sang ruisselle dans la place. Le peuple effrayé prend la fuite; et la haine, la mort, la vengeance, se rassasient de carnage.

Le roi, les juges, mon frère, font d'inutiles efforts pour apaiser leur furie. La voix d'Almanzor est méconnue, l'autorité de Mulei méprisée; les juges du camp sont foulés aux pieds. Les malheureux Abencerrages, dont les glaives sont repoussés par l'armure de leurs ennemis, s'aperçoivent de la trahison : ils veulent aller prendre leurs cuirasses, ils se précipitent vers les barrières; mais les Zégris les poursuivent, les pressent, les immolent dans l'étroit passage. C'en était fait, dans ce jour affreux, de cette vaillante famille, si mon frère, qui s'était armé, n'avait tout à coup paru dans la place, et soutenant seul l'effort des vainqueurs, n'eût favorisé les Abencerrages. Les Zégris s'échappent par une autre issue, se répandent par toute la ville, criant : Aux armes ! aux armes ! Vive notre roi Boabdil ! Mulei-Hassem cesse de régner ! Le peuple, acheté par eux, grossit leur troupe rebelle; Grenade se soulève en un moment. Les portes des maisons se ferment, cent mille lances brillent dans les rues, des cris affreux remplissent les airs. Boabdil, au milieu des Zégris, attise le feu de la révolte; il est proclamé roi par les factieux, et marche au même instant à l'Alhambra, suivi d'une troupe innombrable.

Mulei-Hassem s'était retiré dans ce palais, presque seul avec sa famille. Nous le pressions dans nos faibles bras, nous cherchions à le rassurer, tandis qu'un effroi mortel nous ôtait la voix et les forces. Ce bon roi, sans crainte pour lui-même, n'était occupé que de ses sujets; c'était pour eux seuls qu'il versait des larmes et qu'il implorait l'Eternel : O Allah, s'écriait-il en élevant ses bras tremblans, brise mon sceptre, mais sauve mon peuple : pardonne-lui ses fureurs; on le trompe, on l'entraîne au crime : ne le punis pas, ô Dieu de bonté !

Almanzor songe à nous défendre : il rassemble les gardes épars, donne des armes aux esclaves, fait fermer les portes de l'Alhambra, dispose des archers sur les tours, et lui-même, au-dessus de la plateforme, se montre appuyé sur cette lance qui fait trembler les Zégris.

Bientôt il voit arriver les braves Abencerrages, couverts de l'acier brillant, transportés de fureur et d'indignation. Les Almorades, les Alabez, d'autres tribus fidèles à leur roi, viennent mourir ou le défendre ; et dédaignant d'attendre l'ennemi derrière les murs du palais, ils se rangent devant les portes. Almanzor vole au milieu d'eux : mille cris s'élèvent en voyant ce héros. D'autres cris aussitôt leur répondent ; et les Zégris, les Vanégas, les Gomèles, avec Boabdil, paraissent, suivis d'un peuple effréné.

L'aspect d'Almanzor les arrête. Un profond silence succède au tumulte : ils hésitent à porter leurs mains sur le héros de Grenade, sur le digne objet de leur admiration. Mais, ranimés par Boabdil, ils serrent leurs rangs, ils baissent leurs lances, et les trompettes de part et d'autre vont donner l'horrible signal, lorsqu'on voit s'ouvrir tout à coup les portes de l'Alhambra. Mulei-Hassem, tenant dans ses mains le sceptre avec la couronne, s'avance entre les deux armées.

Arrêtez, s'écria-t-il, et n'attirez pas le courroux du ciel en répandant le sang de vos frères : ménagez ce sang précieux dont vous aurez besoin contre l'Espagnol. Abencerrages, Zégris, tremblez de vous forger des chaînes ; oubliez vos fatales discordes, et réservez votre valeur contre vos communs ennemis. Vous êtes offensés, dites-vous : ne le suis-je pas moi-même ? Apprenez comment on se venge.

Peuple de Grenade, mon règne t'a lassé, il est fini dès cet instant. Tu m'as repris ton amour, je ne veux plus de ta couronne. Viens la recevoir, Boabdil; viens prendre ce sceptre que tu désires, et que peut-être tu trouveras pesant. Approche, mon fils, approche, et cesse de t'étonner. Regarde ces cheveux blancs : as-tu pensé que, pour ce peu de jours qui me restait encore à régner, je ferais égorger mon peuple ? Ah ! Boabdil, Boabdil, mon cœur jamais ne te fut connu. Tu l'as trop souvent déchiré ; mais ton père te pardonne tout, si tu rends heureux tes nouveaux sujets, si ta justice et ta bienfaisance les empêchent de se repentir de ce qu'ils font aujourd'hui pour toi.

En prononçant ces paroles, l'auguste vieillard présente à son fils et la couronne et le sceptre. Boabdil, terrassé par son crime, demeure immobile et les yeux baissés. Il n'ose envisager son père, il ne peut faire un seul pas vers lui. Mulei le prévient, s'avance, pose sur son front, qui rougit, ce diadème, objet de ses vœux. Ensuite, se retournant vers les deux troupes interdites : Abencerrages, dit-il, saluez le roi de Grenade; et vous, Zégris, jurez la paix à vos généreux ennemis.

A ces mots, le peuple enivré crie : Vive le roi Boabdil! vivent les Abencerrages, les Zégris et Mulei-Hassem! Boabdil est conduit en pompe dans le palais de l'Alhambra. Mon père, suivi d'Almanzor, de Moraïme et de moi, se retire dans l'Albayzin, ancienne demeure des premiers rois maures.

FIN DU TOME PREMIER.

www.ingramcontent.com/pod-product-compliance
Lightning Source LLC
Chambersburg PA
CBHW071911160426
43198CB00011B/1252